Gabriela Ciucurovschi

7 Passi per la felicità dei tuoi figli

Principi che accompagnano tuo figlio per tutta la vita

> **Descrierea CIP a Bibliotecii Naționale a României**
> **CIUCUROVSCHI, GABRIELA**
> **7 passi per la felicità dei tuoi figli : principi che accompagnano tuo figlio per tutta la vita** / Gabriela Ciucurovschi; trad.: Patricia David; red.: Octavia Zaim.
>
> - București : Benefica International, 2012
>   ISBN 978-606-93343-6-2
>
> I. David, Patricia (trad.)
> II. Zaim, Octavia (red.)
>
> 159.922.73
> 159.942:159.922.73
> 37.018.262

Autrice: Gabriela Ciucurovschi
Traduttrice: Patricia David
Redattrice: Octavia Zaim
Disegno in copertina: Anatoli Ciucurovschi
Grafica: iStockphoto / Yaviki – Child with roots

Copyright © 2012, Gabriela Ciucurovschi. Tutti i diritti riservati.
Nessuna parte di questa pubblicazione può essere riprodotta, memorizzata o trasmessa in alcuna forma o alcun modo, elettronico, meccanico, di fotocopiatura, di memorizzazione o di altro tipo, senza il permesso scritto dell'editore. La violazione di questi diritti d'autore costituisce reato e verrà perseguita a norma di legge.

Copyright © 2012, Gabriela Ciucurovschi.
Copyright © 2012, BENEFICA INTERNATIONAL
Tutti i diritti riservati.

*A mio figlio Aleksei,
senza il quale
non avrei avuto tutta
questa conoscenza,
con gratitudine ed amore.*

PROLOGO

La caratteristica più bella di questo libro è che ci aiuta a capire che c'è una differenza profonda tra essere madre ed essere mamma. La madre è una donna che genera e mette al mondo dei figli: la mamma è una persona che dal momento in cui i figli vengono alla luce fa tutto quello che è possibile perché diventino persone pienamente felici e realizzate.

I sette capitoli di questo libro sono il racconto del cammino che ogni mamma dovrebbe fare: se fosse possibile estrarre l'essenza di questo cammino, è tutta in due parole. Amore e attenzione.

L'amore per i figli è l'ingrediente indispensabile per affrontare le difficoltà dell'essere madre: è quello che ti dà la forza per superare tutte le avversità e le difficoltà che si incontrano lungo questo bellissimo, ma difficile cammino.

L'attenzione è l'altro ingrediente, quello che ti permette di osservare e cogliere come si sviluppa il rapporto tra mamma e figli, e soprattutto di restare focalizzati sui bisogni di chi deve trovare la propria strada nella vita.

Infine, Gabriela ci ricorda come i primi mesi e i primi anni di vita sono quelli che influenzeranno profondamente la personalità dei nostri figli, condizionando il modo in cui si affacceranno alla vita e ne attraverseranno il cammino. E' un libro che certamente aiuterebbe tutte le mamme (e anche i papà) ad affrontare meglio quella meravigliosa avventura.

Enrico Dalla Rosa
docente all'Università Cattolica di Milano

Indice

Premessa 7

1. **Un buon modello da seguire!** 13

2. **Un essere unico** 27

3. **Le abitudini, la nostra seconda natura** 37

   Il nostro cibo quotidiano   *45*
   I pensieri, un altro genere di cibo   *49*
   Le scelte   *59*

4. **La disciplina**   65

5. **Gli ingredienti di una vita felice** 79

   Il perdono 79
   L'amore incondizionato 88
   La preghiera   *94*
   I valori   *99*

6. **"I peccati" sempre in agguato**   119

   La paura 119
   L'ira   *129*
   La colpevolezza 134

L'invidia e l'odio 138
L'orgoglio 140
Sui "peccati" e le loro conseguenze   145

7. Essere genitori 147

Segui il tuo intuito   147
Un'esperienza lunga una vita 148
Il sacrificio di un genitore   150
Il conflitto generazionale   152
Il legame generazionale 154
L'eredità che tramandi 158

Ringraziamenti 161

Premessa

Ogni uomo si porta l'infanzia addosso come un secchio rovesciato in testa (...) il suo contenuto ci scola addosso per tutta la vita per quanto ci cambiamo i vestiti...
Il cammino di Conrad Castiletz
Heimito von Doderer

Ogni genitore desidera il bene del proprio figlio. Da questo desiderio e fino alla sua attuazione nella vita del figlio c'è da percorrere un lungo cammino durante il quale le tue azioni possono contribuire o meno alla realizzazione di questo desiderio.

Al principio della tua relazione con tuo figlio c'è sempre un intento positivo. È importante avere intenzioni positive, ma quando si tratta del tuo bambino ciò che ti interessa di più è il risultato finale. Qual è questo tipo di bene che desideri per tuo figlio? Ciò che fai contribuisce davvero al suo bene? Che aspetto ha il bene per il figlio stesso?

Ne hai molti di desideri per tuo figlio. Purtroppo, non sempre ti rendi conto in tempo che sotto la valanga di cose che sogni per lui se ne trova una essenziale: la sua felicità. In genere ti aspetti che cresca sano, che prenda dei bei voti, che sia ubbidiente, che si realizzi nella vita, che trovi un lavoro piuttosto che un altro ecc.

Un uomo felice è un uomo realizzato. È un uomo che si gode la vita così com'è, con i suoi alti e bassi.

La chiave della nostra felicità però è nell'infanzia. La nostra capacità di essere felici e contenti si trova nelle esperienze che abbiamo accumulato in quel periodo, soprattutto nei primi anni di vita.

Quello che abbiamo assimilato allora costituisce il fondamento della nostra vita. L'impronta che i genitori lasciano sui propri figli tramite l'educazione impartita, i valori trasmessi, la relazione creata con loro, è molto importante per gli adulti che diventeranno.

Qualsiasi figlio vuole essere amato e desidera l'apprezzamento dei genitori. Indipendentemente dall'età, che abbia venti o cinquant'anni, la relazione con i genitori e tutto ciò che essi hanno seminato nella sua anima lo accompagnano per tutta la vita: lo influenzano al livello più profondo della sua vita interiore ed agiscono per vie invisibili sulla sua intera esistenza.

Considerando la relazione inversa, cioè quella genitore-figlio, sul ruolo del figlio nella nostra vita di genitori non posso dire che una sola cosa: egli è lo specchio del nostro divenire. È la gioia impareggiabile procurata dal far crescere un'anima con il tuo amore e la tua saggezza; e affinché un figlio sia un frutto bello e maturo bisogna che le radici, dalle quali è partito questo frutto, siano belle e mature esse stesse.

Gli studi di psicologia, l'esperienza di madre e la preoccupazione per la natura umana mi hanno portata a rendermi conto, molti anni fa, dell'impatto che ha su un figlio, non solo a livello consapevole, ma soprattutto a livello inconsapevole, la relazione con il genitore. Mi riferisco a tutto ciò che quest'ultimo gli trasmette per via subliminale, cioè attraverso l'atteggiamento, il comportamento e, non da ultimo, attraverso i suoi pensieri.

Questo libro ti aiuta a diventare consapevole dell'impatto che hai come genitore sull'evoluzione di tuo figlio, e di conseguenza anche sulla sua felicità. Ti aiuta a lasciar da parte gli strati di condizionamenti e a vedere le cose nella loro essenza e semplicità. La maggior parte sono tutte cose che già sai, che senti, ma che però ti dimentichi di fare nell'impeto di una vita in cui sei portato a perdere di vista le priorità.

Può darsi che tu non veda una grande utilità in questa presa di coscienza. Eppure, man mano che acquisti maggiore consapevolezza, le cose cambiano intorno a te. Le tue reazioni non saranno più le stesse, perché ora comprendi il loro effetto, il quale è assai probabile che non sia proprio quello che vuoi. Non pensare ora che il futuro di tuo figlio dipenda *solamente* da te.

Tutto ciò che tu gli fornisci come genitore viene passato attraverso il filtro della personalità di tuo figlio e questo filtro non appartiene più a te. Da te dipende solo la materia prima, e questa materia prima, che viene lavorata dalla personalità di tuo figlio, deve essere sana e bella. Non spaventarti al pensiero di non essere perfetto. Nessuno è perfetto. Però c'è sempre la possibilità di fare le cose in un modo migliore.

Essere genitori non è il più facile dei mestieri. E molti genitori vorrebbero saperne di più all'inizio di questo processo di far crescere ed educare un figlio Però il mestiere di genitore si impara meglio osservando e agendo. Il genitore cresce insieme al figlio. Genitori e figli si evolvono sempre. Quello che conta è stabilire una direzione.

Al fine di non perdere la direzione giusta bisogna guardare la realtà nel suo insieme e cercar di capire quei meccanismi e quelle leggi universalmente validi che agiscono nella vita di ognuno senza che noi li possiamo influenzare. Conoscendoli, potrai diventare quel bravo genitore che vuoi essere e potrai appoggiare tuo figlio lungo tutta la sua evoluzione, affinché diventi ciò che egli desidera essere.

L'esperienza di ogni vita è unica. Esiste però un denominatore comune e questo denominatore ci aiuterà a capire gli stimoli umani interiori, validi per l'intera umanità. Ogni persona ha una storia alle sue spalle. Con gioie e dolori, con paure e frustrazioni, con desideri e necessità. Al centro di questa storia si trova la sua relazione con la madre ed il padre. Tutto parte da qui.

1.
Un buon modello da seguire!

*I genitori mangiano agresto
e ai figli si allappano i denti!* (proverbio)

Per quanti discorsi tu faccia a tuo figlio nel desiderio di offrirgli una buona educazione, niente ha maggior valore del tuo comportamento.

Il rapporto che hai con un figlio, ma anche con la gente, l'atteggiamento che manifesti, il modo in cui agisci nella vita sono i suoi veri punti di riferimento.

È inutile predicare a tuo figlio "Non è bello mentire!" se poi ti sente dire alla collega di lavoro, mentre ti stai preparando ad andare a raccogliere l'uva, che sei malato e perciò non puoi recarti al lavoro.

Tu sei il modello di tuo figlio!

Per te, l'intero contesto non ha il valore di una menzogna, perché sai che vai ad aiutare i tuoi genitori anziani e crei tutti questi sotterfugi per alleggerire loro la vita.

Certamente, da adulto hai le tue piccole incongruenze, perché ci sono molte situazioni nella vita in cui non puoi semplicemente dire sfacciatamente la verità. Devi o cesellarla un po', per non offendere o ferire qualcuno, o non puoi proprio dirla per vari motivi. Per il tuo capo, la vigna dei tuoi genitori non ha nessuna importanza e non sarebbe d'accordo se tu mancassi dall'ufficio per due giorni quando c'è tanto da lavorare. E allora che fare? Non puoi ammalarti su richiesta. E poi se davvero ti ammalassi non potresti più lavorare nella vigna. Oggi tuo figlio ti sente quando infilzi una bugia al lavoro, domani ti sente quando dici alla nonna "Sì, mamma, oggi non gli ho dato le patatine fritte", mentre lui ha appena finito di mangiarle, e via dicendo. Per quale motivo lui dovrebbe dare tante spiegazioni per ottenere quello che vuole, quando può benissimo dire ciò che i genitori vogliono sentirsi dire, facendosi nel frattempo gli affari suoi?

In ogni attimo, sii consapevole dell'impatto delle tue azioni su tuo figlio!

Ho incontrato gente per la quale usare la menzogna al posto della verità, senza pensarci troppo e senza batter ciglio, era ormai una consuetudine. Quello era diventato semplicemente il loro modo di essere.

Mi ha sempre affascinata questa loro capacità: per la noncuranza con cui lo fanno, senza preoccuparsi troppo delle conseguenze, di quello che succederebbe se la verità venisse a gala. E anche se si rendono conto che nessuno gli crede, non ce la fanno a fermarsi nel loro cammino. Per loro è più facile così: chiudere gli occhi e credere loro stessi nelle storie che raccontano.

Comunque, non parliamo ora solo dei mitomani.

La scelta fra la verità e una comoda bugia è dettata dalla nostra vita interiore ma si riflette anche nella vita sociale.

Saper dire la verità dipende non solo dalla capacità di mostrarti alla gente così come sei ma anche dalla misura in cui ti senti accettato. E l'accettazione è un sentimento le cui basi vanno gettate quando sei piccolo e che ti accompagna per sempre nelle relazioni con gli altri.

Generalmente la gente mente per evitare situazioni difficili, conflittuali, oppure per migliorare la propria immagine di fronte alle persone che la circondano. Perché migliorare la propria immagine? Perché quella che hanno di se stessi non è a un livello che loro considerano indispensabile per essere accettati ed apprezzati dagli altri.

Ed ecco che abbiamo toccato un argomento importante. Molte volte il bambino inventa o mente a proposito di molte cose proprio per essere accettato dagli adulti. Però se tu, da genitore, gli mostrassi che lo ami così com'è, con le sue sensibilità, con le sue paure, con le sue incapacità, egli non sentirebbe la necessità di mostrarsi diverso davanti a te.

Sono molte le situazioni in cui i genitori dicono una cosa al figlio e ne fanno un'altra. Si sforzano di dare al figlio una buona educazione, però considerano che per loro vada bene tutto così com'è.

Non dire una cosa per poi farne un'altra!

La vera educazione si impartisce con i fatti. Le parole hanno valore solo se sono accompagnate da fatti che le rafforzano. Ciò che dici non ha nessun valore per il figlio, se ciò che fai non conferma quello che gli trasmetti verbalmente.

Inoltre il figlio sarà scombussolato e probabilmente respingerà i tuoi insegnamenti, se non vengono sostenuti dal tuo comportamento. E invece di ottenere il risultato che desideri, otterrai proprio la reazione opposta.

Il fatto di dire una cosa e farne un'altra crea uno sconforto ed un conflitto interiore nel figlio. Di fronte a questo conflitto, egli deve fare una scelta. La probabilità maggiore è che la sua scelta si indirizzi verso l'aspetto sostenuto dal tuo comportamento e non verso quello sostenuto dalle tue parole.

Se sei una persona disordinata, ma imponi al figlio di raccogliere i suoi giocattoli perché "deve abituarsi ad essere ordinato in quanto lui non ha altre preoccupazioni", alla prima occasione che gli si presenterà di manifestare la sua scelta interiore, lascerà da parte l'ordine perché comunque è possibile fare anche così, con molto meno sforzo.

Non puoi prevedere dove questi conflitti interiori potranno portare tuo figlio. Può darsi che pensi tra sé e sé: "Ma la mamma sta mentendo?". E se arriva davvero alla conclusione che la mamma sta mentendo, non sai quanto grande sarà lo sconforto interiore provocato da questo fatto. E non conosci neanche le conseguenze di questa convinzione nuovamente acquisita. Può darsi che tragga una conclusione generale secondo la quale ciò che dici tu non è credibile. Ed ecco che un granello così piccolo può allontanare un rapporto dalla fiducia per tutta la vita.

Fa' attenzione ai conflitti che generi nell'anima di tuo figlio!

Quello che trasmetti al figlio tramite la tua personalità ha un impatto sulla sua futura personalità e sul suo carattere.

Se sei una persona ansiosa e ti manifesterai in questa maniera, creerai le premesse per la manifestazione di questo stato anche in tuo figlio.

Se sei una persona introversa e chiusa, pensa che è questo lo stato d'animo che trasmetti al figlio: questo diventa il suo modello.

Se sei una persona che non si impazientisce facilmente e non si spaventa davanti ad una difficoltà, se manifesti un atteggiamento fiducioso in te stesso e nella tua capacità di trovare una soluzione, il bambino lo noterà, lo interiorizzerà e la probabilità che lui manifesti lo stesso atteggiamento di fronte alle difficoltà sarà molto grande.

Non siamo delle copie fedeli dei nostri genitori, ma una parte importante di quello che siamo la dobbiamo a loro, oppure all'interazione con loro.

Se hai l'abitudine di dire bugie, non aspettarti che tuo figlio dica la verità.

Se sei una persona con molti vizi, pensa che tipo di impatto questi hanno su tuo figlio. Immagina se puoi accettare l'idea che anche lui avrà più tardi gli stessi tuoi vizi. Che cosa sentirai tu da genitore quando vedrai che trascorre le notti in bianco? Ti preoccuperai perché non riposa abbastanza? Perché ha scambiato la notte per il giorno ? Ah, a te sembra naturale fare le notti in bianco: tu hai sempre un motivo importante a portata di mano. Trovi sempre delle giustificazioni quando si tratta delle tue azioni. Ebbene, devi sapere che non sei l'unica persona che agisce così. Tutti lo fanno.

Quando crei un precedente, non puoi controllarne le conseguenze. E, di solito, quello che segue va di gran lunga oltre le tue intenzioni iniziali.

Se oggi dai un dito a qualcuno è molto probabile che domani ti chieda tutta la mano. Se ti sei mostrato molto comprensivo con i problemi di un tuo subalterno e non hai segnato la sua assenza dal lavoro un paio di volte quando lui non era presente, in una percentuale molto alta di casi la situazione si ripeterà. Ma si ripeterà in una maniera che supererà di molto la situazione iniziale. È più che probabile che egli si assenti sempre di più, oppure che ritardi sempre più spesso al lavoro, pretendendo che tu lo capisca ogni volta.

Se il tuo stile di vita è stato caratterizzato dallo star sveglio fino a notte fonda, e inoltre hai abituato anche tuo figlio a starti intorno fino a tardi, perché ti meravigli che, una volta diventato adolescente, vada a letto quasi all'alba e di giorno si alzi molto tempo dopo l'ora di pranzo? Così come stavo dicendo, un precedente è un'azione che porta con sé altre azioni che non puoi più controllare. Ebbene, affinché tu rimetta le cose in carreggiata come le vuoi tu, si impone un'azione radicale.

Nel caso dell'educazione dei bambini i rapporti sono molto più delicati. E lo sono per una sola ragione: la tua relazione col bambino cambia continuamente. Non è come una relazione col subalterno o col capo, che in linea di massima rimane sempre la stessa, con la possibilità di diventare più amichevole o più tesa. La personalità di un figlio è in continua evoluzione. Adesso è un bebè, tra poco sarà un piccolo scolaro, passando dalla pubertà diverrà un adolescente e ad un tratto te lo troverai adulto. Da un momento all'altro ti devi rapportare a lui diversamente, perché la sua personalità cambia.

Una volta creato un caso, esso porta con sé delle conseguenze che superano i limiti di quello che l'ha preceduto.

Se a volte, in situazioni di scarsa importanza, hai dimostrato al figlio fiducia piena nella decisione che lui può prendere, sarà capace di estendere di volta in volta questa fiducia in situazioni sempre più importanti e sarà sempre più fiducioso nella propria capacità di decidere.

Se un genitore manifesta un comportamento irriverente verso suo figlio, nel senso che non prende in considerazione i suoi desideri considerando i propri interessi da adulto prioritari in quasi tutti i casi, anni dopo, quella persona può arrivare a lamentarsi che il proprio figlio non lo considera: e questo dopo che lo ha cresciuto con tanti sforzi!

Spesso sentiamo dire in giro: "Crescere dei figli! Per cosa? Perché ti manchino di rispetto quando diventano grandi!" Mah! Dopo avergli ordinato per tutta la sua infanzia di fare ogni cosa senza aiutarlo a capirne anche la ragione, solo perché "si deve fare così", dopo avergli imposto ogni volta il proprio punto di vista da adulto senza ascoltare anche quello che lui aveva da dire, ora sei sorpreso che tuo figlio ti manchi di rispetto?

Se vuoi avere un figlio rispettoso, dimostragli tu stesso rispetto sin da quando è piccolo. Dimostragli che ciò che lui desidera, ciò che lui sente, il suo punto di vista contano per te. Dimostragli questo in tutte le tue decisioni ed azioni.

> **Dimostra a tuo figlio che ciò che lui desidera, ciò che sente, il suo punto di vista contano per te.**

Vuoi avere un figlio che riesca nella vita? Fagli vedere che tu stesso sai cavartela benissimo in situazioni difficili. Mostragli che sei padrone della tua vita e che non aspetti che vengano gli altri a risolverti i problemi.

Vuoi avere un figlio allegro? Fagli vedere che sai ridere. Fagli vedere che sai goderti la vita.

Ridi insieme a lui.

I modelli che ha intorno rappresentano un aspetto importante nella formazione di un figlio. Un bambino impara vedendo come reagiscono in varie situazioni le persone che gli stanno intorno ed osservando quali sono i comportamenti da seguire. Ci sono tre provenienze principali per i suoi modelli: la famiglia, la scuola ed il gruppo di amici. Per una bella evoluzione della sua personalità il bambino ha bisogno di modelli degni da seguire, di persone che lo ispirino e che lo aiutino a scoprire se stesso.

I figli hanno bisogno di modelli.

Se ci guardiamo indietro nel tempo, ognuno di noi può riconoscere in che misura abbia subito l'influenza del professor X, che catturava l'attenzione di tutti con le sue belle storie ed il suo umorismo, oppure del professor Y, che era molto severo e dalle cui lezioni nessuno si permetteva di mancare.

Se il primo ti ha fatto apprezzare le persone che hanno il dono di saper raccontare e riflettere prima di narrare una cosa, il secondo ti ha ispirato paura e ti ha fatto capire che esistono persone con le quali sarebbe meglio non confrontarsi.

Se proietti il film della tua infanzia, ti rammenti dell'amico di tuo padre, che faceva ridere tutti a crepapelle ogni volta con le sue barzellette. La gente si divertiva quando anche lui era presente e così veniva invitato spesso. Tu eri tutt'orecchi mentre quest'amico parlava. Ti piaceva l'atmosfera rilassata e l'allegria generale. Pian piano, anche tu hai sviluppato il tuo umorismo e ti fa piacere quando gli amici ridono alle tue barzellette.

Vorrei fare una piccola parentesi, collegata a quello che ho detto sopra, e che è valido per l'intero libro: La ricetta del divenire di una persona è complessa. La personalità si crea dopo aver mescolato più ingredienti: la struttura interiore di una persona, la sensibilità, le sue propensioni, l'ambiente ecc. Alla fine, in questa combinazione magica, i genitori hanno un ruolo essenziale nel processo di formazione della personalità del figlio.

La personalità è il risultato complesso della combinazione e della trasformazione di più fattori.

Le persone vengono sottoposte a molte influenze durante la loro vita. Raccolgono, nel cammino del loro divenire, qualche cosa da ogni individuo con cui interagiscono.

Nel cammino di tuo figlio, ciò che prende da te costituisce il fondamento per tutte le influenze e le trasformazioni ulteriori.

Il bambino è come uno specchio posto davanti ai suoi genitori: riflette i loro stati d'animo, l'ambiente e l'atmosfera casalinga. Se vuoi che il tuo riflesso sia brillante, prima di tutto abbi cura di te. Di te, in relazione a lui, in relazione con il mondo. Che tu lo voglia o no, tu sei un modello per tuo figlio. Ma quale tipo di modello? Questo lo decidi tu.

2.

Un essere unico

Conosci te stesso (inciso sul frontespizio del tempio di Delphi)

Per quanto assomigli alla madre, al padre o ai nonni, tuo figlio è unico. È un'individualità distinta da tutte le altre.

Per quanto assomigli agli altri bambini della sua stessa età, ci sono delle differenze e tu, da genitore, sei il più indicato a riconoscerle.

Ogni uomo, infatti, è unico e anche se esternamente il suo comportamento assomiglia a quello degli altri, internamente ci sono delle differenze sia qualitative che quantitative.

Le personalità possono assomigliare tra di loro, possono avere molto in comune, ma ciò non vuol dire che siano uguali.

Ogni bambino è unico e dev'essere trattato di conseguenza

Questa nostra differenza e individualità è qualcosa di meraviglioso. Costituisce il sale e il pepe dei rapporti sociali. Se fossimo tutti uguali, ci annoieremmo subito nei rapporti tra di noi. E conoscere gente nuova non ci produrrebbe più nessuna gioia.

Essere differenti ci aiuta a trovare soluzioni alternative allo stesso problema, ad interpretare diversamente lo stesso ruolo sociale, a pensare ed agire in una maniera personale ed unica. Ma sempre grazie a quest'unicità le persone percepiscono le cose diversamente.

La percezione influisce su tutte le nostre esperienze. Grazie ad essa, le persone sono in grado di interpretare le situazioni in maniera completamente differente, anche quando si tratta dello stesso evento. Grazie ad essa si possono anche vedere cose che non esistono.

Ogni uomo possiede la propria verità. Possono esistere più modi di vedere la stessa cosa e ognuno di essi può risultare vero. Cosa significa per te, genitore, comprendere l'unicità di tuo figlio? Significa la gioia di conoscerlo profondamente. Significa comprendere chi egli sia al di là delle convenzioni sociali: noi tutti abbiamo bisogno di essere compresi ed accettati. Per il bambino, rappresenta l'opportunità di esprimere se stesso, di condividere quello che egli è veramente. Significa dimostrare un comfort personale, perché non si è costretti a dissimulare la propria personalità o a impersonare qualcun altro. Significa la sicurezza di essere accettato ed amato cosi come si è.

È importante capire questa unicità di ognuno di noi. Sebbene appaia una cosa semplice e scontata, la maggior parte della gente si comporta come se non la capisse veramente.

I genitori tendono a paragonare i propri figli ad altri bambini della loro stessa età, ai fratelli oppure a loro stessi all'età dei figli. È frustrante per un bambino essere paragonato ad un altro. Per lui questo è uguale a essere incompreso e considerato inferiore a quello con cui viene paragonato. E da qui alla nascita della mancanza di fiducia in se stesso non c'è tanta strada da percorrere.

I confronti vengono fatti dappertutto nella vita, ma riescono solo a rovesciarci addosso amarezza e sfiducia.

Il bambino guarda il suo compagno e aspira ad un computer più potente, ad avere vestiti più cari ed alla libertà senza limiti che il suo compagno ha e lui no. I confronti ci fanno guardare il giardino del vicino e giudicare la sua erba più verde della nostra. Ci dimentichiamo spesso di apprezzare quello che abbiamo noi.

La vita sociale e l'educazione ricevuta soprattutto a scuola, ma anche forse a casa, ci hanno insegnato che solo quelli che si buttano nella competizione e vincono sono pregevoli. Grande errore! Ogni uomo rappresenta un valore in sé e non deve dimostrarlo a nessuno.

Ogni uomo rappresenta un valore in sé e non deve dimostrare a nessuno questo valore.

Questa brama di essere sempre in competizione con gli altri ha fatto nascere molti mostri: l'invidia, l'egoismo, la mancanza di tolleranza, mentre in effetti l'unica competizione a cui dovremmo partecipare è quella con noi stessi. Questa dovrebbe essere la sola che c'interessi. Non credo che i geni e quelli che hanno portato grandi benefici all'umanità siano stati in competizione con gli altri. Con chi sarebbero potuti entrare in competizione se le loro abilità e le loro conoscenze erano nettamente superiori a quelle degli altri? Hanno solo sentito di poter dare di più.

L'unica competizione a cui dovremmo partecipare è quella con noi stessi.

Ognuno di noi ha un potenziale da realizzare e credo che questo sia già di per sé uno scopo. Le persone hanno talmente assimilato questo spirito di sfida, che molte volte si ritrovano in competizione perfino nel rapporto di coppia. Molto spesso questo rapporto si trasforma in una lotta per il potere. Se proietti il film della tua vita partendo da tanto tempo fa, vedrai che sei stato buttato in competizione sin da quando eri molto piccolo. Certamente lo sai già quanto lo spirito di rivalità possa danneggiare il rapporto di coppia. Come tutti gli altri rapporti anche questo dev'essere una comunione piuttosto che una competizione.

Impregnati di modelli, di regole sociali che ci spingono verso l'uniformizzazione, rischiamo di scordarci chi siamo veramente. Il cammino verso noi stessi è lastricato di esperienze e scelte, ma rappresenta anche una crescita della coscienza di sé. A volte è difficile scegliere di essere se stesso e non un modello assimilato. Spesso è persino difficile stabilire chi tu sia veramente. Ad alcuni non basta tutta la vita per scoprirlo.

Aiuta tuo figlio a scoprirsi. Non tutti siamo degli Einstein, ma tutti abbiamo dentro di noi qualcosa che vale. Dobbiamo solo scoprire che cosa.

Questo valore non si riduce solamente ad un talento, a una propensione verso un campo o l'altro, come per esempio la musica, la pittura, la matematica ecc. Può essere anche un tratto della nostra personalità –come per esempio la gentilezza, la sincerità, l'allegria ecc.– spuntata dalla nostra natura umana.

Indipendentemente dalla sua sostanza, se questo valore viene scoperto in tempo può aumentare e raggiungere la sua completezza attraverso la sua stessa espressione e manifestazione.

Conosco una persona alla cui presenza svaniscono tutte le preoccupazioni, ci si dimentica dei guai e d'un tratto si sta meglio perché irradia gioia e gentilezza. Abbellire la vita di quelli che ci stanno intorno e renderla più luminosa costituisce un grande dono. Puoi essere stimato perché dai sempre una mano a chi ti sta vicino quando ne ha bisogno; puoi essere apprezzato per il buon gusto ed il modo in cui arredi la casa, per il talento che dimostri nel raccontare le cose cosicché tutti si radunano ad ascoltarti, per il giardino che curi ed i fiori che coltivi amorevolmente, per la famiglia armoniosa che hai –è anche merito tuo!– per la tua serenità ecc.

Impregnati di modelli, di regole sociali che ci spingono verso l'uniformizzazione, rischiamo di scordarci chi siamo veramente.

Da genitore, desideri che tuo figlio sia al riparo da ogni avversità. Desideri che segua un certo percorso. Che studi bene, che abbia un lavoro, che si sposi. Può darsi però che tutto questo non lo renda felice. Può darsi che nel suo intimo si verifichi una lotta tra quello che lui desidera essere veramente e quello che è in realtà. Sii attento ai suoi desideri. Sii attento a quello che lui è: egli è unico. Non devi che far attenzione ed osservare. Incoraggialo a scoprirsi. Il bambino ha bisogno del tuo appoggio in questo processo.

Non è sicuramente facile per te. E delle volte può risultare doloroso. Però alla fine ciò che conta è il risultato. La vita ci ripaga per ogni cosa fatta bene.

La formazione di una personalità è un processo a lungo termine. Comincia durante l'infanzia, si delinea fortemente nell'adolescenza, ma continua ad evolversi anche nell'età adulta, quando subisce trasformazioni rilevanti. La formazione della personalità si attua come conseguenza delle esperienze e delle scelte fatte, dell'assimilazione dei modelli di comportamento sociale ma anche della scoperta del sé.

Il tuo ruolo di genitore in questo processo è delicato, importante e non privo di difficoltà. La difficoltà risulta dalle due sfaccettature di questo ruolo: da una parte orienti tuo figlio verso l'assimilazione dei modelli di comportamento necessari alla convivenza sociale, e dall'altra lo aiuti a scoprire se stesso ed a manifestarsi come individualità. L'appoggio che dai al figlio affinché sviluppi la propria personalità gli eviterà molte frustrazioni più in là nel tempo.

I genitori sono felici quando i figli gli assomigliano ed è giusto nella misura in cui quello che il figlio ha preso da loro è una cosa positiva per la sua vita. Tuttavia, egli ha bisogno di scoprire se stesso, scoprire le cose che definiscono lui e non i suoi genitori. Questa scoperta, comprensione e manifestazione del proprio io lo farà sentire bene nella propria pelle. Egli ha bisogno di capire chi sia e di definire se stesso, indipendentemente da mamma e papà. Non dev'essere la copia di nessuno. Dev'essere se stesso.

Tu, da genitore, aiutalo durante tutto questo processo in cui devi seguire delicatamente la manifestazione del suo io e l'integrazione nelle norme sociali.

Ti starai probabilmente domandando adesso: come faccio a sapere quale sia il suo io? Ebbene, il suo io si esprime attraverso tutte quelle cose che gli fanno piacere e lo fanno stare bene. Se ci fai caso, te ne renderai conto. Gli devi solo permettere di manifestarle, nella misura in cui quelle cose non pregiudichino gli altri. Non imporre a tuo figlio la realizzazione dei tuoi sogni, perché egli è una persona totalmente diversa e che avrà dei sogni propri.

> **Non imporre a tuo figlio la realizzazione dei tuoi sogni, perché egli è una persona totalmente diversa, che avrà i propri sogni.**

Non mettere sulle sue spalle le tue frustrazioni ed i tuoi insuccessi. Non pensare: "se io non ce l'ho fatta, egli ce la deve fare ", perché non sai se a lui si addice quello che hai voluto tu.

Ogni personalità, ogni individualità rappresentano un universo da esplorare. Da lui stesso o dagli altri.

Quanto più scopriamo l'unicità della persona che ci sta accanto e la comprendiamo, tanto più ci avviciniamo all'essenza del suo essere. Fondamentalmente tutti vogliamo oltrepassare la barriera dei comportamenti preimpostati. Tutti abbiamo bisogno di manifestazioni sincere, che partano dal profondo dell'essere dell'altro.

I benefici dell'espressione dell'io sono grandi. I rapporti interumani saranno più calorosi, più ravvicinati e più spontanei. Sono convinta che ciò che tu vuoi è che il rapporto con tuo figlio sia proprio così.

3.
Le abitudini, la nostra seconda natura

Impegnatevi a cominciare bene tutto ciò che fate, perché lo svolgimento di un processo dipende dal modo in cui avete seminato.
Omraam Mikhael Aivanhov

Per tutta la nostra vita da adulti, lottiamo contro le nostre abitudini. Da bambini non ci rendiamo conto della loro importanza, e quando ci accorgiamo quanto ci influenzano, comprendiamo anche quanto sia difficile cambiarle.

Dicono che le abitudini siano la nostra seconda natura: niente di più vero. Se pensiamo per un solo istante a quante sono le abitudini che manifestiamo in un solo giorno, ci rendiamo conto che gran parte della nostra vita si svolge sotto il loro influsso.

La nostra vita si basa sulle abitudini.

L'abitudine di bere un caffè di prima mattina, non appena svegli, l'abitudine di uscire di casa in ritardo oppure, al contrario, di arrivare in tempo da qualche parte, l'abitudine di mangiare ad una certa ora, l'abitudine di telefonare la sera alla mamma, l'abitudine di commentare un po' sulla collega che si assenta al momento, l'abitudine di canticchiare una canzone quando si è al volante, l'abitudine di andare a letto tardi, l'abitudine di sorridere, l'abitudine di avere una certa pettinatura, di buttare in giro i vestiti ecc. E la lista è lunga: molto lunga!

Le nostre azioni che si ripetono quotidianamente sono così numerose, che i giorni si assomigliano tutti. Molte volte, la differenza la fa un incontro con gli amici o uno spettacolo, una serata di lettura o un momento piacevole trascorso in famiglia. Altrimenti, i giorni scorrono tutti avendo come schema le nostre solite azioni.

Eppure le abitudini hanno il loro ruolo. Ci fanno sentire al sicuro, perché ci consentono di fare un'esperienza le cui conseguenze conosciamo già.

Ci offrono il piacere del rituale, come per esempio quello di prendere il caffè insieme al marito o alla moglie e di assaporare il silenzio tranquillo del mattino, oppure di radunare la sera tutta la famiglia per cena.

Quando sei bambino, per esempio, l'abitudine di tornare a casa da scuola e raccontare alla famiglia le vicende della tua giornata soddisfa il tuo bisogno di condividere gli avvenimenti della tua vita con le persone che ti stanno accanto, la tua esigenza di essere compreso o di essere appoggiato e consigliato se non sei sicuro del significato delle esperienze appena vissute.

Quando diventi adulto, quest'abitudine può servirti per comunicare con la nuova famiglia, godendo del suo appoggio e della sua empatia per lo svolgimento degli avvenimenti della tua vita e può rafforzare tanto il rapporto di coppia quanto quello con i figli. Molti bambini soffrono a causa della mancanza di comunicazione con i genitori, e questo non perché i genitori non li amino, ma in quanto essi stessi non hanno imparato a comunicare.

**Le abitudini
ci offrono sicurezza.**

Trattandosi, però, della manifestazione continua delle abitudini, ciò vuol dire anche che la loro importanza è grande: che si rispecchiano dentro di noi e ci possono far del bene oppure no.

Questo argomento presenta due aspetti importanti e cioè: la maggior parte delle abitudini le acquisiamo durante l'infanzia, e di conseguenza sono difficili da cambiare.

Molte abitudini si apprendono nell'infanzia e sono difficili da cambiare.

Ecco perché i genitori devono fare attenzione alle abitudini che il bambino prende. E soprattutto devono favorire l'acquisizione di quelle buone.

Perché le buone abitudini ci rendono la vita migliore e più luminosa, più facile e confortevole, mentre le cattive possono sfociare in veri drammi.

Le abitudini influenzano la qualità della nostra vita.

Puoi ammalarti come conseguenza di un'alimentazione sbagliata, oppure puoi ingrassare moltissimo per lo stesso motivo e da qui parte lo "sconfort", il peggioramento dell'immagine che hai di te, l'isolamento, la sfiducia in te stesso, un vero e proprio ingranaggio di meccanismi psicologici che si mettono in moto e che, alla fine, ti fanno sentire sfinito e senza voglia di vivere. Al contrario, per fare un esempio, se sei una persona che si è abituata a mangiare leggero la sera e non oltre ad una certa ora, puoi star sicuro che uno dei motivi per i quali riposerai meglio ogni notte è che non sei andato a letto a stomaco pieno.

Osserviamo un'altra situazione, che non riguarda l'alimentazione. Hai mai sentito la frase "arrabbiato con la vita"?

C'è gente che si è talmente abituata a guardare solo le cose brutte della propria vita, oppure solo quelle che gli mancano, che trascura completamente ciò che ha. E così finisce per vivere giorno dopo giorno arrabbiata con la vita, senza rendersi conto di quello che sta perdendo con l'ignorare le cose belle. E perdippiù, con ogni sorriso mancato, con ogni gesto buono verso gli altri non messo in atto, con ogni pensiero bello non pensato, perde l'opportunità di rendere migliore la propria vita. È la sua opportunità e la perde ignorandola.

Ecco solo qualche esempio degli effetti che le brutte abitudini possono avere sulla vita di qualcuno.

Però ora vediamo gli effetti che può produrre un'abitudine buona.

Immaginiamo che tuo figlio si sia creato l'abitudine di essere una persona "permissiva". Questo avrà un enorme valore nella sua vita, allontanando il dispiacere, la rabbia ed altri stati d'animo negativi attraverso l'accettazione degli altri così come sono, si rifletterà nel suo stato d'animo interiore, nella pace e nell'armonia che sentirà. Non essendo una persona abituata a criticare e a giudicare gli altri ad ogni passo, la gente si sentirà bene vicino a lui.

E poi, quante cose brutte possono succedere quando si è arrabbiati? Puoi esprimere giudizi che offendono la persona amata, puoi addirittura dire cose false, solo per il bisogno di scaricare la tua rabbia. E le parole pesanti possono restare nella nostra mente e nel nostro cuore, determinando ed influenzando le nostre azioni.

Certamente la permissività ha i suoi limiti. Se sei troppo tollerante, puoi essere "facilmente" usato dagli altri. Per questo è bene che tu aiuti tuo figlio a capire che anche la tolleranza ha dei limiti.

Essa ha valore quando accettiamo gli altri così come sono e non li giudichiamo in base a come noi vorremmo che loro fossero.

Le abitudini ci possono rendere la vita difficile o ce la possono migliorare.

Le nostre abitudini ci rappresentano. Ci formano il carattere. Definiscono la nostra personalità. Puoi renderti conto di come sia fatta una persona osservando le abitudini che ha.

Se incontriamo una persona che dorme generalmente 10/12 ore al giorno, e poi ha bisogno di due ore per svegliarsi, è molto probabile che non sia una persona molto efficiente e che non riesca facilmente a fare tutto quello che ha da fare in un giorno.

Quando i motori sono addormentati per così lungo tempo, è difficile farli funzionare d'un tratto al massimo regime.

Ci sono persone da evitare quando si svegliano perché sono già arrabbiate, hanno delle reazioni aggressive verso gli altri e vogliono solo essere lasciate in pace.

Questa loro reazione al momento del risveglio è diventata un'abitudine. E possiamo pensare: "Perché X è così arrabbiato ogni volta che si sveglia senza che ci sia nella realtà presente una ragione per la sua rabbia?"

Ci possiamo rendere conto che qualcosa, nel passato di quella persona, è riuscito a creare quest'abitudine. Una volta nella sua vita ci dev'essere stato un motivo reale per cui quella persona si è arrabbiata al risveglio. Con l'andar del tempo, questa reazione si è fissata diventando un'abitudine, senza avere una casualità nella realtà immediata.

Abitudini, abitudini... Se sei una persona che ogni volta fa tardi agli appuntamenti, si può dire che tu non abbia un rispetto troppo grande per gli altri.

Se sei una persona che si lamenta sempre e che trasforma gli incontri con gli altri in momenti spiacevoli, caricando su di loro i suoi problemi, verrà un momento in cui verrai evitato, sarai una compagnia che la maggior parte delle persone non desiderano avere. Gli amici penseranno che per te sia più facile lamentarti che fare qualcosa di concreto, qualcosa che possa cambiare la situazione.

La maggior parte delle nostre abitudini vengono dall'infanzia e ci influenzano l'intera vita.

Le abitudini si manifestano assolutamente in tutti gli aspetti della nostra vita.

Ci sono però delle categorie di abitudini che sono più importanti, che influenzano in modo decisivo la nostra esistenza, sia a breve che a lungo termine.

Il nostro cibo quotidiano

Alcune delle abitudini più profondamente radicate che proviamo a cambiare sono quelle alimentari. Solitamente nessuno modifica le consuetudini alimentari solo perché ha scoperto dei gusti migliori, bensì perché guarda a questo problema da un'altra prospettiva.

Arriva un momento in cui ci rendiamo conto che la salute è importante. Durante l'infanzia lo sentiamo ripetere molte volte, ma non ci facciamo caso. Sei un bambino, hai tutta la vita davanti a te. Che te ne importa?

Quando, finalmente, ti accorgi della sua importanza, ti rendi anche conto che devi cambiare una quantità di abitudini alimentari. E cominci una lotta accanita, e ti sforzi per esempio di non mangiare dopo una certa ora, di evitare certe categorie alimentari ecc. Riesci a seguire questa nuova abitudine per un certo periodo, e ne sei molto fiero. Dopo di che, non sai come mai, succede qualcosa e ritorni alle vecchie abitudini.

Dopo esserti privato per un dato periodo di ciò che prima ti era piaciuto, dopo aver raccolto tutte le tue forze per lottare con qualche cosa più forte di te ed essere riuscito a vincere, più tardi, nonostante il successo registrato, la vecchia abitudine ritorna a galla. Perché? E soprattutto perché dopo tanti sforzi?

Da qualche parte, dentro di noi, le abitudini sono diventate una seconda natura e ci si impegna per cambiarle solo quando le situazioni sono al limite. Pochi sono quelli che riescono a farlo per sempre, liberamente e senza nessuna costrizione.

Le abitudini sono difficili da cambiare.

Molti riprendono le vecchie abitudini, sebbene lo sforzo fatto per cambiarle sia stato enorme. E allora, la delusione e la sfiducia in se stessi aumentano.

Sull'alimentazione esistono diverse teorie, a volte tante e così differenti che non sappiamo più quale seguire. Sotto questa valanga di informazioni e di messaggi pubblicitari che ci circondano, dobbiamo ritrovare la capacità di vedere le cose nella loro semplicità. A prescindere da quante informazioni ci arrivano, esiste qualche principio semplice di alimentazione che si può trasmettere ai figli.

Ma questo comporta l'esempio del genitore e un controllo consapevole dei cibi che vengono acquistati e che si trovano in casa a portata di mano del bambino.

L'azione del mangiare è una delle più frequenti nella vita di ognuno di noi. Mangiamo a casa, sul lavoro, sgranocchiamo qualcosa per strada, fatto sta che per la maggior parte di noi quest'attività finisce per occupare abbastanza tempo. Senza accorgercene, ingoiamo impressionanti quantità di cibo.

Mangiare è uno dei più grandi piaceri dell'uomo. E anche una delle sue grandi dipendenze. Dipendiamo dai gusti, dagli aromi, dalle forme e dalle esperienze culinarie piacevoli vissute precedentemente. Ed il fatto che il mangiare occupi così tanto tempo nella nostra vita significa che anche l'effetto di quest'abitudine è enorme. Le conseguenze sono immense. Chi ha digiunato per almeno un mese ha sentito l'influenza forte ma anche sottile dell'alimentazione non solo sul fisico, ma soprattutto sulla psiche.

I bambini riprendono molte delle abitudini alimentari degli adulti.

La gente consuma una quantità di cibi malsani per ignoranza, per comodità, o a causa delle cattive abitudini. Sono convinta che le ultime due vadano mano nella mano e siano le più forti. In un modo o nell'altro ognuno di noi sa quando fa qualcosa di sbagliato, solo che non ci fa tanto caso.

I bambini riprendono molte delle abitudini alimentari degli adulti, quella di fare colazione, di bere bevande gassate o meno, di mangiare certi tipi di cibi cucinati in casa o di tipo fastfood, di mangiare la sera tardi ecc.

Una sana alimentazione è la chiave di un organismo sano, e la nostra felicità dipende molto dallo stato di salute. Strananamente, la maggior parte degli adulti apprezza molto la salute, ma agisce veramente per salvaguardarla solo quando non ce l'ha più.

Le abitudini malsane costeranno a tuo figlio, più avanti nel tempo quando sarà adulto, un alto consumo di energia per sbarazzarsene. Perché prima o poi, volente o nolente, egli dovrà fare questo sforzo. Se vorrà dimagrire, migliorare il suo stato di salute oppure semplicemente mantenerla, egli diventerà consapevole di dover stabilire delle nuove regole da rispettare.

Le buone abitudini trasmesse a tuo figlio gli risparmieranno lo sforzo di fare e poi disfare, di ricominciare ogni volta, e lo aiuteranno a canalizzare la sua energia verso altre direzioni costruttive della sua vita.

I pensieri, un altro genere di cibo

– prendiamo l'energia dai nostri pensieri –

Sono poche le cose così presenti nella nostra vita come i pensieri. Sia che mangiamo o meno, dormiamo o no, i pensieri ci accompagnano costantemente. Scorrono in una fiumana sotterranea attingendo alla quale ci carichiamo permanentemente di energia.

Se i tuoi pensieri sono belli, ottimistici, fiduciosi, tolleranti, allora anche l'energia che senti è benefica. E ti rendi conto che lo è grazie allo stato di benessere che l'accompagna. Se i tuoi pensieri insistono sulla paura, l'invidia, la rabbia ecc, allora puoi dire addio allo stato di benessere. O sentirai una mancanza di energia, o l'energia che hai tenderà a rovinare tutto ciò che è buono nella tua vita: in questo caso quest'ultima la chiamiamo energia negativa.

Hai mai visto un tappeto arrotolato? Immagina che al suo interno, all'interno di quel rotolo, si trovino i tuoi pensieri. Quando stenderai il tappeto, proietterai il cammino della tua vita. Nel momento in cui i tuoi pensieri nascono, si creano anche le premesse della loro materializzazione.

I nostri pensieri sono tanto importanti quanto le nostre azioni. C'è un'energia dentro ognuno di loro. Quest'energia attrarrà nella tua vita ciò a cui pensi, che tu lo voglia o no. Ci pensi: ed è sufficiente.

Il pensiero ha i suoi propri meccanismi. Il modo in cui pensiamo ha alla sua base delle regolazioni, dei condizionamenti che vengono dall'infanzia. Esso funziona come un filtro: fino ad un certo livello della nostra coscienza non vediamo la realtà così com'è ma come ci siamo abituati a vederla.

Supponiamo che una persona del nostro gruppo di amici riferisca una certa cosa che ti offende. Senti che ti dà fastidio ciò che costui ha detto ed allo stesso tempo senti la rabbia crescere dentro di te. Alla fine, arrivi alla conclusione che l'abbia fatto di proposito: ha voluto ferirti deliberatamente. Perché aveva dei conti da regolare con te, perché una volta tu hai detto qualcosa che certamente gli avrà dato fastidio. Sì, ti ricordi perfino di quanto lui si fosse dimostrato infastidito per quello che gli avevi detto. Glielo potevi leggere in faccia benissimo. E continui a pensarci, finché la conclusione diventa inattaccabile. Non c'è verso di sbagliarsi. È così! Il tizio l'ha fatto con la netta intenzione di ferirti. Perché ti sentiresti così male se così non fosse?

Poi, durante un'ulteriore conversazione con quella persona, scopri che in realtà ciò che aveva detto non aveva niente a che vedere con te, ma riguardava qualcun altro. E ti rendi conto stupito che l'intero meccanismo del tuo pensiero era completamente errato. Guardi con stupore, proietti mentalmente il film dell'intera vicenda, proietti anche il film della tua mente e ti domandi con stordimento: com'è stato possibile?

Mah, ecco un'interpretazione che non presenta nessuna novità. Quand'eri piccolo, tua sorella maggiore ti punzecchiava sempre. Lo faceva perché la faceva star bene, si sentiva forte ed importante. Ma tu credevi che lo facesse per prenderti in giro. Per ferirti. In verità, il suo comportamento non aveva nulla a che vedere con te, ma con lei. Però come potevi saperlo?

Essendo frequentemente vittima di questo comportamento durante la tua infanzia, sei diventato sensibile alle osservazioni della gente. Una sensibilità che ti getta in un cono d'ombra. Ti succede spesso di pensare che la gente abbia voluto offenderti o metterti in una luce sfavorevole.

E così, pian piano, hai sovrapposto l'esperienza

della tua infanzia alle tue esperienze di vita. Quasi senza accorgertene. Ti sei creato un percorso sul quale il tuo pensiero viaggia costantemente senza sviarsi.

Il nostro pensiero lavora come un cavallo legato al carro: sa sempre come arrivare a casa da solo. Se non lo freni e non lo guidi, ti porterà ogni volta nello stesso posto.

Questo posto è come una meta fissa. Questo posto è la convinzione che ci formiamo durante l'infanzia. Può darsi che il cammino nel frattempo non sia più una strada ma una via selciata o asfaltata. Il risultato è che, alla fine, il luogo di destinazione è lo stesso. Il nostro pensiero segue ogni volta lo stesso itinerario. Il punto di partenza è la convinzione. Una convinzione profondamente radicata nella nostra infanzia e della quale il più delle volte non siamo nemmeno consapevoli.

C'è una naturale tendenza nel voler dimostrarci le cose in cui crediamo.

Se io credo che le persone hanno la tendenza a prendermi in giro, il pensiero segue il percorso che mi dimostrerà che le persone ridono di me e non mi considerano.

Se io credo di essere una persona il cui parere conta, il mio pensiero prenderà il percorso che non mi metterà barriere quando vorrò esprimere la mia opinione, ma, al contrario, contribuirà all'affermazione di un mio punto di vista chiaro e forte.

Se io credo che tutto quello che ho ottenuto nella vita l'ho raggiunto con grandi sforzi e penso di essere predestinato a realizzare ogni cosa con difficoltà e solo dopo aver faticato molto, allora il mio pensiero prenderà la strada seguendo la quale non noterò più le vie facili che pure esistono per avere le cose che desidero.

Ogni uomo percepisce la vita partendo dall'atteggiamento che ha verso la vita stessa, dai suoi giudizi di valore, dalle sue convinzioni. La sua percezione è la realtà che sta vivendo. Può succedere che due persone diverse, che vivono insieme la stessa esperienza, abbiano percezioni completamente differenti di quello che è accaduto.

A prima vista puoi pensare che una delle due stia mentendo: eppure nessuna delle due mente. Solo che la realtà percepita da ognuna di loro è diversa, in quanto si basa su una diversa realtà interiore.

Non è la realtà oggettiva ad influenzarci, ma la maniera soggettiva in cui ci relazioniamo ad essa. Quello che influisce sul modo di vedere la realtà si trova nelle *convinzioni* acquisite durante l'infanzia, e che costituiscono le fondamenta dell'intera impalcatura successiva.

Non è la realtà oggettiva che ci influenza ma la maniera soggettiva in cui ci mettiamo in relazione ad essa.

Succede spesso di guardare con ammirazione una persona che affronta le situazioni positivamente. Osserviamo il modo in cui si pone di fronte a un problema e pensiamo "Dio mio, se questo fosse successo a me, sarei rimasto paralizzato dalla paura. Al posto suo non sarei stato capace di fare nulla. Perché io non riesco a reagire così? Perché non posso essere anch'io tanto calmo da poter vedere le cose in modo chiaro?"

E ci accorgiamo in quel momento che la reazione di quella persona è una reazione imparata, un'abitudine acquisita durante il tragitto della sua vita.

Quindi, non sono i problemi che contano, ma la nostra reazione di fronte ad essi. Tutti hanno dei problemi. Ciò che fa la differenza è il modo in cui ciascuno reagisce ad essi. E in questo caso la parte essenziale la svolge il nostro modo di pensare, il modo in cui guardiamo le cose, il punto di vista dal quale contempliamo il problema. Lo stesso problema, che può sembrare insormontabile ad una persona, per qualcun altro può rappresentare solo una situazione che si risolve come qualsiasi altra.

Per quanto difficili siano le realtà con le quali ci confrontiamo, possiamo sempre trovare delle soluzioni. Il segreto è non lasciarsi dominare dalla paura, perché la paura paralizza i nostri pensieri, le azioni e la capacità di vedere chiaro. Se manteniamo la calma e la fiducia che le cose possono essere risolte, le soluzioni non tarderanno a presentarsi.

Ogni problema ha la sua soluzione. Questa è la convinzione che devi tramandare a tuo figlio.

È vero che la soluzione che trovi può essere completamente diversa da quella che desideri. Ma proprio qui sta la vera magia del risolvere i problemi.

Se ci fissiamo su una soluzione che noi desideriamo ardentemente, e vogliamo che le cose si realizzino solo in una certa maniera, allora sicuramente la probabilità di risolvere quel problema e di trovare una soluzione alternativa è molto ridotta.

Se però proviamo ad essere flessibili, ed aperti ad accettare ogni proposta possible, scopriremo delle soluzioni alternative per uscire da quella situazione.

Un pensiero positivo vuol dire essere aperti a tutte le soluzioni possibili.

Ho avuto un dipendente che veniva frequentemente da me e mi diceva: "Capo, abbiamo un problema". Indifferentemente da cosa si trattasse, il suo modo di esprimersi era invariabile. E mi guardava come se niente esistesse oltre quel problema.

Dopo le prime volte mi sono resa conto che il suo era uno stampo comportamentamentale. Qualsiasi situazione complicata gli sembrava "un problema".

La prima volta gli ho domandato: "Dimmi, Andrei, qual è il problema che abbiamo?", benché, lo ammetto, mi fossero venuti un po' i brividi. Lui era così serio che ho pensato automaticamente: "Dio mio, cosa sarà successo?". Man mano, mi sono resa conto che non si trattava di situazioni gravi di vita, ma di ostacoli, più o meno grandi, inerenti allo svolgimento di un'attività. Di conseguenza ho cominciato a sentirmi leggermente divertita: "Eh, altro problema, Andrei?".

Quando ci rendiamo conto di quale sia l'impatto di certi condizionamenti acquisiti durante l'infanzia, come per esempio le abitudini e l'atteggiamento verso la vita, abbiamo la tendenza da una parte a lasciarci prendere dal panico, sopraffatti dalla responsabilità verso il figlio, e dall'altra di sentirci frustrati.

Pensiamo che, se avvessimo potuto usufruire dell'educazione che ha ricevuto quel tizio, le cose sarebbero andate diversamente anche per noi. Se solo la mamma avesse saputo trasmetterci tutto questo! Non avremmo faticato tanto. E, sicuramente, avremmo saputo dare a nostro figlio insegnamenti migliori. Ma così, come fare? Da dove cominciare?

Il panico e le frustrazioni non risolvono nulla. Non è mai troppo tardi per parlare apertamente con tuo figlio. Indipendentemente dall'età, questo porta grandi benefici nella vostra vita. Si scatenerà un'energia immensa, un'energia benefica che lavorerà a vostro favore.

Non è mai troppo tardi per fermarsi, guardare in faccia un figlio (può darsi che lui sia già adulto) ed ascoltare quello che ha da dire.

Esprime contentezza e gioia, o piuttosto tensione ed accanimento? Cosa puoi fare tu, se noti la seconda situazione? Puoi sapere esattamente quale sia la sua sofferenza, lo puoi consigliare (però attenzione, solo se anche lui lo desidera, se è aperto al tuo consiglio e se vedi prima di tutto il suo interesse e non la tua tranquillità) e, soprattutto, lo puoi appoggiare moralmente.

Si può ancora fare qualcosa, sempre. Tutti vogliamo una vita perfetta, ma la vita è quella che è. Con alti e bassi. Chiudiamo quelle porte che non conducono da nessuna parte ed apriamo quelle che ci indirizzano verso una vita migliore!

Il pensiero e l'atteggiamento, come anche i sentimenti che li accompagnano, vanno mano nella mano. E tutto parte da un nocciolo di convinzione. Un nocciolo piantato una volta, molto tempo fa, nel nostro passato. Un nocciolo che con l'andar del tempo non riconosciamo più nemmeno noi. Ma intorno al quale abbiamo per una vita tessuto la nostra ragnatela.

Fa' attenzione a cosa semini nell'anima di tuo figlio, attraverso le tue parole ma soprattutto attraverso le tue azioni. Esse sono la vera essenza di ciò che gli verrà trasmesso.

Le scelte

Raccogli ciò che hai seminato
(proverbio rumeno)

Il cammino che percorriamo nella vita è segnato dalle scelte che facciamo. Qualunque scelta ci può aprire una strada o la può chiudere, ci può aiutare ad evolverci o ci può trascinare in basso.

Le scelte che facciamo sono parte di noi e della nostra routine quotidiana. Sono dei pezzi di noi e della nostra personalità. Il modo in cui decidiamo di fare questa cosa o un'altra si è insinuato nelle nostre abitudini.

Tutte le scelte sono importanti. Potrei addirittura dire che quelle apparentemente minori sono paradossalmente di notevole importanza. Quando dobbiamo prendere una decisione maggiore, di solito ci riserviamo più tempo per analizzarla. E valutiamo tutto quello che ci potrebbe aiutare a fare la scelta giusta per noi. Sulle decisioni minori passiamo con leggerezza. Eppure... esse influenzano la nostra vita quotidiana.

Ogni momento della nostra vita si basa su una scelta. Scegliamo di guardare la TV o di leggere, di passeggiare a piedi oppure in macchina, di uscire con gli amici o di restare in casa con la famiglia, di mangiare al Mc Donald's o di cucinare qualcosa a casa, di fare uno scherzo bello o cattivo, di essere sempre ritardatari al lavoro oppure di arrivarci in tempo, di cercare una cosa finché la troviamo oppure di arrenderci dopo i primi tre tentativi... e la lista può continuare per tutto il tempo della nostra esistenza.

Nessuna di queste scelte è priva di conseguenze. Ognuna influenza la nostra vita in un senso o nell'altro. Ciò che ci aiuta qui è la consapevolezza delle nostre scelte. Qualsiasi scelta presuppone una conseguenza, un risultato. Per quanto ci possano influenzare le persone che ci sono accanto, la gente, la società, i problemi che abbiamo, *esse sono le nostre scelte*. E tramite esse noi decidiamo della nostra vita.

Le nostre scelte non sono neutre.

La maniera in cui tu, da genitore, fai le tue scelte rappresenta un modello per tuo figlio. Questo modello, questo stampo comportamentale si può insinuare subdolamente nel comportamento del figlio.

Oltre al fatto che tu sei un modello per tuo figlio in tutto ciò che fai, quando è piccolo hai un ruolo importante nelle sue scelte. Tu sei quello che lo guida, lo orienta, lo consiglia.

Supponiamo che una persona sia alla ricerca di un lavoro. Ad un certo momento legge sul giornale un annuncio per un posto di lavoro presso una ditta famosa. Se è un pessimista e non ha nessuna fiducia in quello che la vita gli possa offrire, può convincersi di non avere nessuna opportunità di occupare quel posto di lavoro, perché, essendo la ditta troppo grande, immagina che sicuramente "hai bisogno degli appoggi giusti per entrarci". E così se la chiude da solo questa porta.

Se è una persona positiva decide di non lasciarsi sfuggire nessuna opportunità ed è convinto che valga la pena di sfruttare ogni carta che la vita le sta offrendo.

Vi posso dire che quest'esempio è reale e che la persona in causa non si è lasciata sfuggire quell'opportunità. E aggiungo anche che ha ottenuto quel posto.

Questo è solo un esempio. Ma la vita ci mette costantemente di fronte a situazioni simili. La maggior parte sono le solite situazioni di vita.

Le nostre scelte vengono sottoposte alla legge naturale, universalmente valida, delle conseguenze per ogni nostra azione, per ogni nostra scelta, sia a livello comportamentale che mentale. Questa è conosciuta con il nome della legge causa-effetto ed agisce per tutti allo stesso modo. Nella tradizione popolare questa legge è stata espressa dal proverbio: "Raccogli ciò che hai seminato".

Ogni nostra scelta, ogni azione hanno una conseguenza.

E' una legge estremamente semplice, che vediamo e sentiamo permanentemente sulla nostra pelle. Ciò che è importante ricordare è il fatto che gran parte di questi semi causali sono piantati nel periodo dell'infanzia. La vita che viviamo è l'effetto, la conseguenza delle azioni e dei pensieri che risultano dalle convinzioni, dai valori e dalle regolazioni del pensiero imparate nell'infanzia.

Ho assistito a situazioni in cui i genitori consigliavano ai figli, che avevano ancora l'età formativa, di valorizzare una situazione a proprio vantaggio, anche se questo significava infrangere i diritti e gli interessi degli altri. Apparentemente tutto sembra OK. "A me interessa solo mio figlio", dicono loro.

Eppure quanto male possono fare al figlio, con l'andar del tempo, questi principi e la scelta di agire in base ad essi! Agendo solo in virtù dei suoi interessi personali, provocherà l'insorgere di molte situazioni che, di fatto, non desidera nella vita. Ma, a volte, la distanza tra causa ed effetto può essere così grande che non ci si rende nemmeno conto da dove tutto sia partito.

La consapevolezza del fatto che attraverso quello che fai, quello che pensi, influenzi in gran parte il resto della tua vita mette una grossa responsabilità sulle spalle di tutti. È più semplice dare la colpa alla sorte, che pensare dove avresti potuto agire diversamente affinché il risultato fosse diverso. Forse non possiamo spiegare tutto quello che succede nella nostra vita. Ma il più delle cose, se guardiamo attentamente, si ricollega a ciò che abbiamo fatto o pensato ad un certo momento.

Aiuta tuo figlio a scoprire questa responsabilità e non te ne pentirai: questo lo rende attento e non indifferente alle scelte che compie. Aiutalo a vedere la vita nel suo insieme. Aiutalo a vedere le situazioni a lungo termine. A volte, quello che può risultare doloroso a breve termine, può portare grandi benefici nel lungo termine.

4.
La disciplina

La fortuna spunta solo là dove c'è disciplina.
(proverbio irlandese)

Noi tutti, sia adulti che bambini, amiamo la libertà di fare ciò che vogliamo. Eppure senza l'esistenza di alcune regole non potremmo convivere. Le regole ci possono facilitare la vita se le comprendiamo, le accettiamo e le interiorizziamo.

Ho solo da fare un'aggiunta riguardo al rispetto della vita sociale e delle sue regole: bisogna passare qualsiasi regola attraverso il filtro del proprio pensiero e del proprio sentire. Ci sono anche molte assurdità oltre alle regole destinate a renderci la vita più facile. Non sovraccaricare te stessa o tuo figlio di regole in eccesso, perché questo non porta niente di buono.

Per esempio, non costringere tuo figlio, se non lo vuole, a fare qualcosa solo per accontentare gli adulti, come recitare la filastrocca imparata all'asilo solo per dimostrare la sua buona educazione. È sicuramente piacevole vedere i bambini accumulare informazioni ed esprimerle in una maniera personale. Però non è nell'interesse del bambino costringerlo a fare una cosa solo per accontentare qualcun altro.

Passa qualsiasi regola attraverso il filtro del tuo pensiero e del tuo sentire.

Disciplina significa la consuetudine di rispettare certe regole, l'abitudine di avere un programma, di progettare un piano e di agire di conseguenza per raggiungere mete pianificate.

Per esempio, se ti trovi alla vigilia di un esame, senza una pianificazione della materia e dello sforzo di studio è poco probabile che tu possa superarlo. Per poter preparare quella pianificazione ed agire conformemente ad essa devi avere una certa disciplina e fare uno sforzo di volontà.

L'educazione implica disciplina. Purtroppo il termine disciplina ha ormai acquisito una connotazione negativa. Quando parliamo di disciplina pensiamo automaticamente a qualcosa di imposto.

È vero che la società ci impone delle regole secondo le quali convivere. Comprendiamo la ragione di alcune, ma non di altre. Possiamo esser d'accordo con esse oppure no. Quando si tratta dell'educazione di tuo figlio però, è importante che l'educazione e la disciplina si realizzino attraverso la sua motivazione e partecipazione.

La disciplina si fa attraverso la motivazione e la partecipazione del bambino.

I bambini hanno bisogno di disciplina. E hanno bisogno anche di limiti stabiliti dai genitori, perché questi limiti conferiscono loro sicurezza e li aiutano ad integrarsi più facilmente nella società.

Se un genitore gli permette di fare assolutamente tutto quello che vuole, può darsi che il figlio si convinca di essere indifferente ai suoi genitori. "Perché allora mi lascerebbero fare di testa mia?!" – potrebbe pensare.

Una libertà completa non lo valorizza affatto. Invece, quando rispetta ciò che il genitore gli chiede e quando il genitore gli mostra il suo apprezzamento, il figlio si sente valorizzato.

Anche quando il bambino gode della tua permissività, al tempo stesso intuisce come sia meglio agire. I bambini hanno una sensibilità speciale; soprattutto i più piccoli hanno un'ottima intuizione, non ancora appannata dalle troppe regole appartenenti alla civiltà. Ora mi direte probabilmente che mi sto contraddicendo. Prima affermo che c'è bisogno di regole e poi dico che veramente le regole distruggono certe qualità che sono innate.

Ebbene, tutt'e due le affermazioni sono valide. Non possiamo avere dei buoni rapporti nella società se non abbiamo delle regole che tutti rispettano. Se non ci fossero regole, si creerebbe il caos. Immaginate cosa succederebbe nel traffico. Beh, probabilmente si formerebbe subito un ingorgo stradale, seguito a tutta probabilità da una rissa collettiva. Infatti come potresti argomentare che X doveva passare per primo, se non ci fosse una regola chiara?

D'altra parte, le numerose regole che dobbiamo rispettare, le troppe responsabilità che la vita sociale ci accolla, possono appannare certe qualità con le quali siamo nati. Una di queste è l'intuizione.

Se fai attenzione, ogni volta che ti ritrovi vicino ad un bambino piccolo resterai stupito a constatare quante verità possa dire. E in un modo molto semplice.

Uno dei giorni scorsi ho sentito un bambino di soli 4 anni domandare alla madre: "Perché Radu è così egoista?". Radu non aveva voluto a nessun costo dare anche a lui una caramella. Non ha domandato perché Radu fosse cattivo o nient'altro di simile, ma perché fosse egoista. Per quel bambino di soli quattro anni è stato molto chiaro che non condividere con gli altri ciò che possiedi è un atto di egoismo. Un concetto che non è affatto semplice per noi adulti. Ho notato innumerevoli volte come gli adulti si sforzino di esprimere il loro pensiero in una maniera velata, girando intorno alla verità, mentre il bambino, con la sua intuizione cospicua, va direttamente al punto. Puoi sentire dalle sue labbra, come per gioco, la semplice, pura e schietta verità.

Ritornando al bisogno di disciplina del bambino, le regole chiare gli offrono sicurezza e la sensazione di essere protetto. E sottolineo: ci vogliono regole chiare , decise e costanti, ma mai assurde.

L'esistenza di regole chiare offre al bambino un sentimento di protezione e sicurezza.

Per tutta la nostra vita sperimentiamo continuamente. All'inizio, quando siamo bambini, questa sperimentazione è più accentuata. Tutto è nuovo e dev'essere verificato. Il bambino non sa cosa possa succedere e cosa possa spuntare dall'ignoto. Per questo, le regole gli possono trasmettere sicurezza. Lui sa che, se rispetta ciò che dicono i suoi genitori, niente di male può accadergli.

Da piccolo, il bambino verifica i limiti entro i quali gli è permesso agire. Succede spesso che lui dica o faccia qualcosa per poi seguire attentamente le reazioni dei genitori. Anche a lui sembra innaturale che i genitori gli permettano di giocare sul computer a mezzanotte, ma se loro sono occupati con degli ospiti e sono più permissivi quella sera, perché non farlo?

I bambini sanno approfittare delle debolezze dei genitori, ma questo non vuol dire che ciò gli conferisca un comfort interno. Perché dentro di loro si crea un conflitto tra quello che sanno o sentono che sia bene fare, e quello che veramente stanno facendo.

Non sono solo i bambini piccoli che hanno bisogno di limitazioni, ma anche i grandi. Ho incontrato un'adolescente che mi raccontava della grande fiducia che i suoi genitori le concedevano, e come loro le avessero detto: "Tra questo limite e quest'altro puoi fare qualsiasi cosa: sono affari tuoi".

Eppure lei confessava con un tono di voce supplichevole: "Ma io ho bisogno di più preparazione". E mi faceva capire come questi limiti, d'altronde molto generosi, non le erano sufficienti come punti di riferimento nella vita. Che aveva bisogno di indirizzi precisi, di consigli. E le serviva un aiuto per cavarsela nella giungla delle situazioni della vita.

Sicuramente questa situazione è una delle più frequenti nella società odierna nella quale la maggioranza dei genitori sono occupatissimi. Spesse volte anche noi, adulti, abbiamo bisogno di qualcuno che ci sostenga, che ci avvii e ci consigli su come comportarci. I bambini e gli adolescenti ne hanno ancora più bisogno.

In che modo ci aiuta la disciplina nella vita? Il rispetto di certe regole e l'esistenza di un certo ordine nella nostra vita ci rendono l'esistenza molto più facile.

Le regole ci rendono la vita più facile. A patto che le accettiamo e le interiorizziamo.

Consideriamo ora una persona che si è abituata sin da piccola ad essere ordinata. Questa persona non perderà tempo a trovare le sue cose, vivrà in un ambiente confortevole e non darà fastidio agli altri membri della famiglia con il disordine che si lascia alle spalle. Al lavoro sarà apprezzata perché è precisa, perché sa dove si trova una pratica o un documento, perché consegna i suoi lavori ben curati ecc.

Una persona disordinata perderà molto tempo ed energia nel cercare tutto quello che non mette mai al suo posto e sarà un incubo per quelli con cui convivrà.

Questi esempi appartengono alla disciplina dell'essere ordinati. Ma non vorrei essere fraintesa. Non faccio il profeta dell'ordine perfetto. Al contrario, considero che, in una casa in cui c'è vita ed allegria, non c'è verso che tutto stia allineato come nell'esercito. Quando parliamo di disciplina di solito pensiamo ad un bambino ubbidiente o disubbidiente.

La disciplina non si riferisce solo all'ubbidienza verso il genitore, ma, così come abbiamo detto prima, comporta l'acquisizione di certe abitudini ad agire nei riguardi di alcune cose in una certa maniera. Lavarsi i denti la mattina e la sera, disporre in ordine i propri vestiti quando si va a letto invece di buttarli dappertutto, sono una manifestazione di disciplina. Il fatto di dedicare un certo numero di ore al giorno allo studio, di parlare dopo che l'altro abbia finito di esprimersi, di abituarsi a lavorare per ottenere qualcosa, tutto questo fa parte della disciplina.

Per quanto riguarda la disciplina, la cosa più importante è che dev'essere interiorizzata dal bambino, altrimenti il suo valore non è un granché.

È essenziale il modo in cui si trasmette la disciplina. Infatti questo è un aspetto estremamente delicato, perché anche tu sei umano e hai i tuoi limiti. Ed il bambino è un esperto nel metterli alla prova.

La disciplina si insegna con amore e fermezza. Se sei arrivato all'esasperazione, fai tutto il possibile per rimandare la correzione. Puoi dire qualcosa tipo: "Ne parleremo più tardi. Ora mi voglio calmare."

La rabbia dimostra che tu sei già molto sconvolto. Una parte di te si sente lesa e, senza che tu te ne renda conto, la tua concentrazione si è spostata dal problema che doveva essere risolto, il disciplinare, al problema del tuo ego leso dalla disubbidienza del figlio.

L'unico risultato che si può ottenere sotto l'impeto della rabbia è quello di umiliarlo e di offenderlo. E con questo puoi dire addio alla lezione di disciplina!

La disciplina si fa con amore e fermezza.

Per motivarlo ed aiutarlo ad interiorizzare le regole che vuoi che tuo figlio apprenda, prima di tutto devi essere tu stessa un modello in questo senso. Non gli puoi chiedere di fare qualcosa che tu fai in un modo completamente diverso. Non puoi chiedergli di mangiare sano se tu mangi sempre ai fast-food.

È bene che tu gli spieghi perché deve fare qualcosa in una certa maniera o in un'altra, ma ci sono anche delle situazioni in cui il bambino piccolo interpreta le spiegazioni come un segno di debolezza e, allora, dopo avergli spiegato i benefici che avrà se rispetta una regola, devi essere molto fermo e chiudere il discorso.

Il bambino tende a trasformare la tua relazione con lui in un rapporto di forze. Esulta quando ti domina. Non è facile, ma devi invertire questo rapporto. Non con la forza, ma con intelligenza ed amore.

Se riesci a mantenere la calma in una circostanza difficile o a ritrovarla facilmente, vedrai che le soluzioni per risolvere la situazione conflittuale verranno più facilmente di quando sei in preda alla rabbia. La disciplina senza la correzione dell'errore fatto non è sempre possibile. I bambini piccoli non sanno quando fermarsi – sono permanentemente sotto il dominio del "voglio" – e proprio per questo hanno bisogno di disciplina.

La cosa più importante quando si deve applicare una punizione è che questa sia a misura dell'errore fatto dal bambino. Se ha preso un brutto voto e tu gli proibisci di uscire a giocare per un mese, la sua frustrazione sarà molto grande. Saprà dentro di sé che ciò che fai non è corretto e perderà la fiducia che aveva in te e nella tua capacità di proteggerlo.

Non infliggere più punizioni per lo stesso errore. Ci sono dei genitori che per lo stesso errore, e per di più non molto grave, elencano una lunga lista di interdizioni: ti è proibito divertirti coi giocattoli per un mese, ti è proibito uscire, ti è proibito guardare la TV o usare il computer ecc. Questo genere di punizioni è sbagliatissimo e sconvolge il bambino. Invece di sentirsi protetto da te, si sente minacciato.

La punizione inflitta correttamente ha un valore positivo. Essa riduce il sentimento di colpevolezza del bambino perché lui sa sempre quando sbaglia, ma ha bisogno di sentirselo dire da te, che sei l'adulto. E siccome, essendo piccolo, non ha imparato ad usare l'autocontrollo, ha bisogno di te per aiutarlo a fare questo. La punizione rimuove il sentimento di colpevolezza dall'anima del bambino.

Ma non dimenticarti: dev'essere proporzionata all'errore fatto, non dev'essere inflitta quando sei arrabbiato e in ogni caso devi sempre fargli sentire il tuo amore. Il tuo amore è per lui l'appoggio che lo aiuta a superare le punizioni ed altri momenti difficili nel processo di educazione.

La disciplina prepara il bambino ad affrontare la vita e a socializzare. Se non impara a rispettare le regole del vivere insieme agli altri rispettandoli, verrà subito penalizzato o addirittura respinto.

La punizione dev'essere proporzionata all'errore fatto.

Se dici "esercito", la prima cosa che ti viene in mente è la disciplina. Un ordine e una disciplina senza le quali nessuna battaglia potrebbe essere vinta. Questo vale anche a livello individuale. Senza una forte disciplina non possiamo raggiungere nessuna meta. Indifferentemente da quello che desideriamo nella vita, abbiamo bisogno di un piano e della forza per seguirlo. Questa forza ci arriva da uno sforzo di volontà e di azione, il che vuol dire, in fin dei conti, disciplina.

Il punto culminante nell'evoluzione positiva delle regole imposte lo rappresenta l'autodisciplina. L'autodisciplina è la disciplina compresa, interiorizzata ed assunta.

L'autodisciplina si basa su un desiderio profondo di fare o di ottenere qualcosa. Si basa sulla consapevolezza del fatto che se desideri una cosa, devi fare uno sforzo costante e pianificato per ottenerlo. Uno sforzo caotico non porta nessun beneficio, ma piuttosto danni. Come per esempio la delusione per non aver ottenuto ciò che volevi, e, sicuramente, un'immensa stanchezza senza raggiungere un risultato.

L'autodisciplina è la via per la realizzazione dei tuoi sogni e di tutto quello che desideri avere nella vita. L'autodisciplina vuol dire rigore. Vuol dire essere consapevole di quello che vuoi, avere un piano e agire. Essa è l'espressione della maturità di una persona. È l'apice dello sviluppo individuale ma, allo stesso tempo, anche una sua leva. L'autodisciplina è un elemento importante della nostra vita interiore.

La disciplina offerta dall'educazione è il punto di partenza verso l'autodisciplina. Per questo, la disciplina deve avere uno scopo chiaro, un senso, una logica. Essa non dev'essere applicata solo perché "tu sei piccolo e fai quello che dico io, l'adulto". Non deve esprimere un rapporto di forze. Ma deve avere una logica compresa dal bambino. Solo così lui può interiorizzarla. Solo così essa può trasformarsi, al momento giusto, in autodisciplina.

La disciplina si apprende. La disciplina si forma. Non è qualcosa con cui siamo nati. Tu, da genitore, sei il primo ad aiutare tuo figlio a percorrere il cammino che conduce dalla disciplina esterna, imposta, a quella interna, quella che lo aiuterà a realizzare ciò che desidera nella vita.

La disciplina si apprende.
La disciplina si forma.

5.
Gli ingredienti di una vita felice

Il perdono

La capacità di perdonare è *la sorgente più potente della nostra serenità d'animo*. Il perdono porta pace e gioia nella nostra anima. Quando possiamo perdonare le difficoltà grandi o piccole create dagli altri, molti tormenti e tribolazioni interne spariscono. Sparisce praticamente la sorgente di molte energie negative. I nostri stati d'animo si rasserenano e si calmano.

La capacità di perdonare gli altri è strettamente collegata alla contentezza di noi stessi, all'autoaccettazione di ciò che siamo. La pace interiore e la gioia vengono, prima di tutto, dall'essere contenti del proprio io.

La capacità di perdonare è la sorgente più potente della nostra serenità d'animo.

L'autoaccettazione è un punto intorno al quale gravita la nostra vita intera e si trova in rapporto diretto con la misura in cui ci siamo sentiti accettati dai genitori.

Molte volte i genitori hanno una visione tutta loro del tragitto della vita del figlio. Sognano che il figlio diventi medico, avvocato, economista o manager, che guadagni molto denaro, che si formi una famiglia, che abbia dei figli e che si comporti come sono stati abituati a fare loro.

Spesso, quando chiedono al bambino di fare una cosa, pretendono che egli la faccia in un certo modo, senza lasciargli scoprire il suo modo personale di fare quella determinata cosa. Quando il bambino è piccolo gli impongono vari comportamenti senza provare ad ottenere il suo coinvolgimento, o senza fargli capire perché siano necessari. Applicano un ragionamento del tipo: "È piccolo e deve ubbidire".

Il più delle volte tutto questo fa nascere nell'animo del bambino la sensazione di non essere accettato così com'è, con i suoi desideri e la sua personalità.

È possibile che questa sensazione non sia cosciente, ma può esistere e far nascere diversi sentimenti: di non essere amato, che ci siano altre cose più importanti della sua persona e, dato che i suoi desideri non sono di così grande importanza, che in lui ci sia qualcosa che non va.

Può vivere sentimenti di colpevolezza, in conseguenza ai quali molte delle sue azioni da bambino o da adulto saranno rivolte contro se stesso. (Se riflettiamo per un istante, troveremo molti tipi di comportamenti simili che minacciano la nostra integrità fisica e psicologica: il lavorare fino allo sfinimento, l'alimentazione malsana – lo sappiamo che ci fa male, eppure continuiamo a mangiare alimenti che ci distruggono la salute – il riposo insufficiente, l'essere convinti di non meritarci una vita migliore ecc.)

Bello o brutto, ogni sentimento attrae un altro sentimento simile a quello che l'ha generato, e che il più delle volte è anche di una maggiore intensità.

I sentimenti sono come un grande magnete: scoppiano nella nostra anima ed attirano innumerevoli altri stati d'animo.

Per esempio, se nell'anima del bambino s'insinua il sospetto che ci sia qualcosa che non va bene in lui, allora può diventare più appartato, più complessato, sviluppando una scarsa fiducia in se stesso. Questo può generare odio e rabbia verso gli altri. Da adulto, imparerà a mascherare questi sentimenti, ma essi continueranno ad esistere dietro le convenienze sociali.

Questo era solo un esempio: ma le situazioni possono essere numerose. L'importante è capire che ci sono dei fili invisibili che ci legano all'infanzia e ai quali restiamo attaccati anche per tutta la vita.

La capacità di perdonare nasce da un atteggiamento di apertura e d'amore verso la gente, s'intreccia con le nostre convinzioni e si trova nascosta dietro la maggior parte dei sentimenti che viviamo. Essa arriva dal profondo del nostro essere, ma si trova anche in stretto rapporto con l'atteggiamento più o meno tollerante dei modelli famigliari.

Se cominci a incoraggiare tuo figlio a sviluppare la propria personalità e lo accetti così com'è, nonostante sia diverso da te, ci sono molte probabilità che lui diventi una persona fiduciosa, e da qui nasceranno molti dei suoi stati d'animo: uno stato generale di benessere, ottimismo, tolleranza verso gli altri, la capacità di superare piccoli problemi, di capire e perdonare quelli che li provocano.

Voglio sottolineare di nuovo quello che ho detto all'inizio di questo libro: il divenire di una persona è un processo complesso. Ogni tratto della personalità è il risultato della miscela di più ingredienti. Tutti questi ingredienti passano attraverso il filtro della propria personalità nascente. Il risultato è una combinazione su cui nessuno può avere il controllo. Tutto ciò che possiamo fare da genitori è far sì che gli ingredienti che noi forniamo siano sani e buoni.

La propensione al perdono può diventare un'abitudine. L'abitudine di perdonare e quella di essere tollerante sono un grande vantaggio nella vita della persona che le pratica. Perché generano sentimenti positivi che sono cibo per la nostra anima e balsamo per la gente che ci sta intorno.

Un atteggiamento tollerante protegge dalle frustrazioni, dalla rabbia e dalle sue conseguenze. La propensione al perdono presuppone la comprensione profonda della natura umana.

Un atteggiamento pieno di perdono ti protegge dalle frustrazioni, dalla rabbia e dalle sue conseguenze.

Si potrebbe arrivare a pensare che se si perdonerà a tutti, allora tutti ti domineranno. Il fatto di perdonare qualcuno che ti fa un torto, non significa avere un atteggiamento passivo verso quella persona. Gli puoi comunicare chiaramente ed apertamente ciò che pensi di lui e quali siano i limiti che ha superato. Se la situazione è grave, gli si può anche far capire che cosa succederà se questa si ripeterà.

L'importante è che tu lo faccia senza offendere a tua volta, ma con fermezza ed onestà. Non confondere il perdono con i tuoi interventi per chiarire la situazione e per far sì che non si ripeta più. Il perdono è prima di tutto un processo interiore, che presuppone che tutto il peso emozionale negativo, collegato alla persona che ti ha offeso o ti ha fatto un torto, sparisca.

Un genitore mite non può allevare un figlio nervoso. Il bambino vede le manifestazioni del genitore, cresce circondato da esse e le assimila. Se il genitore ha un atteggiamento comprensivo e si mostra portato al perdono quando qualcuno gli fa un torto, il figlio apprenderà questo atteggiamento da lui. La propensione al perdono non implica la mancanza di fermezza, al contrario. Colui che perdona ha molto chiara la ragione per cui lo fa e manifesterà la sicurezza di chi sa ciò che fa.

Se tu ami gli animali e lo stai dimostrando, sicuramente tuo figlio non sarà uno di quelli che tira le pietre ai cani.

Il bambino vede che accarezzi i cani ogni volta che li incontri. Vede che ne sei interessato e che gli dai da mangiare tutte le volte che puoi, anche se sono dei cani randagi. Sente il tuo tono di voce calmo quando parli con loro e si sente avvolto in questo calore che sorge dalla tua anima. A sua volta si comporterà anche lui nella stessa maniera.

Non spaventarti se tira un cagnolino per la coda quando è piccolo. È solo un atteggiamento passeggero. Sta verificando anch'egli i suoi limiti per vedere che succede. Decisivo sarà solo l'atteggiamento che avrà da adulto.

Se mostri comprensione verso le persone, se non vai su tutte le furie ogni volta che qualcuno fa le cose diversamente da come lo vorresti tu, se non conservi rancore verso chi ha provato ad offenderti, allora anche tuo figlio manifesterà questo comportamento nella vita.

Il perdono ci aiuta a superare i sentimenti di

colpevolezza che si sono insinuati nel nostro animo. Ci renderà agevole la strada su cui camminiamo. E se il nostro animo è tranquillo, potremo gioire delle cose belle della vita, potremo essere più efficienti nel nostro agire, perché la nostra energia non sarà assorbita dagli stati d'animo negativi (amarezza, rabbia ecc.) e la potremo usare a scopi benefici per la nostra vita e quella altrui.

Il perdono è uno degli ingredienti indispensabili per la felicità di tuo figlio. Manifestarlo costantemente può trasformarlo in un'abitudine che riscalderà la sua anima. Al contrario la sua assenza denota la presenza di certi stati d'animo che nessuno vuole, ma che non sa come farli allontanare. In mancanza di un atteggiamento tollerante, tuo figlio si caricherà di tutte le amarezze ed emozioni negative sorte da vicende che potrebbero essere superate con amore e comprensione, senza che la sua vita diventi amara. Anche se ha rotto un vaso prezioso, anche se un amico l'ha preso in giro, oppure anche se ha perso una somma importante di denaro: tutte queste situazioni perdono il loro significato di fronte a cose più importanti: la vita stessa e la gioia di viverla.

Il perdono è uno degli ingredienti della felicità di tuo figlio.

Quasi tutte le nostre manifestazioni diventano abitudini e il perdono non fa eccezione. Dipende da noi quali abitudini scegliamo di coltivare e tramandare.

Quando sono piccoli, i bambini sono come delle spugne: assorbono tutto ciò che li circonda. Crescendo provano a tagliare questi fili invisibili che li legano all'infanzia, soprattutto quando questi legami non portano la felicità nella loro vita. Ma non riusciranno mai a tagliarli completamente. E ciò che riusciranno a cambiare gli costerà un grande consumo di energia. Un consumo sprecato per qualcosa che avrebbe potuto essere benefico alla loro vita sin dall'inizio.

L'amore incondizionato

L'amore è qualcosa verso cui tutti aspiriamo. Una parola che si trova sulla bocca di tutti.

L'amore esiste prima di tutto a livello del sentire, poi acquista diverse manifestazioni nel nostro comportamento.

La sua esistenza è come una sfera di calore che riscalda il cuore di tuo figlio. Questa sorgente esisterà per tutta la sua vita, anche quando tu non ci sarai più.

Non c'è niente di più forte nella nostra vita di questo sentimento. Noi tutti, sia bambini che adulti, abbiamo bisogno del suo calore, delle sue sottili emissioni. Il sentimento di essere amato dai genitori ci fornisce l'equilibrio emozionale. È quel punto in cui la nostra vita si trova in equilibrio.

"Alcuni sono come un secchio bucato" – affermava un trainer di analisi transazionale. Per quanto ricevano quello che desiderano dall'amore che cercano, sono permanentemente frustrati, perché attraverso quel buco cola tutto quello che ricevono. Non possono avere mai l'amore e l'affetto per i quali si struggono, benché lo desiderino disperatamente.

Quel buco nel secchio rappresenta l'assenza del sentimento di essere amati. Se qualcuno è cresciuto col sentimento che i genitori non lo amano, quando è bambino può tramutare molto facilmente questo sentimento in un altro: cioè quello che lui non merita di essere amato, che non ne è degno. E da adulto, il desiderio di essere amato entrerà in contraddizione con il sentimento, ben nascosto nel subconscio, che non se lo merita, e così tutto ciò che riceverà dal punto di vista affettivo gli scivolerà addosso.

La capacità di discernere del bambino è limitata. Egli tende ad attribuirsi la responsabilità di quello che gli succede intorno. Se i genitori litigano o divorziano, può pensare che tutto questo accada a causa sua. Se i genitori sono occupati (e nella società odierna i genitori sono sempre occupatissimi) e presi dalle faccende quotidiane, può pensare di non meritarsi il loro affetto. Non c'è verso che il bambino piccolo veda il mondo nel suo insieme. Egli tende a rapportare quello che succede alla propria persona. Per questo, per quanto siamo occupati, per quanto siamo oppressi dai nostri problemi esistenziali, è importante assicurare ai figli il supporto affettivo necessario.

L'amore non entra in contraddizione con la disciplina. Posso addirittura dire che, se procedono di pari passo, allora il risultato sarà rimarcabile. Il bambino ha sì bisogno di essere disciplinato, ma allo stesso tempo ha bisogno di amore.

La disciplina presuppone molte volte un condizionamento. "Quando finisci i compiti puoi uscire a giocare", "Se fai il bravo quando andiamo in visita, riceverai un gelato", oppure "Se otterrai il premio, alla fine dell'anno scolastico ti compreremo una bicicletta".

Ma indipendentemente da quanto i suoi comportamenti siano condizionati dalle ricompense o dalle punizioni, il bambino ha bisogno di sentirsi amato incondizionatamente. Amato comunque egli sia. Più o meno sveglio, più birichino o più buono, più timido o più audace. Il tuo amore non è negoziabile. Ogni attimo della sua vita egli ha bisogno di sentire che lo ami. Questo gli conferisce la certezza emozionale e la forza di andare avanti, al di là delle punizioni e delle regole che deve rispettare.

L'amore per tuo figlio non è negoziabile.

L'amore si manifesta in tutto ciò che facciamo. Sia quando rimproveriamo il figlio, che quando siamo arrabbiati. Si manifesta attraverso il nostro comportamento, il tono di voce che usiamo, attraverso la mimica che mostriamo, soprattutto attraverso lo sguardo. Può manifestarsi anche solo attraverso la nostra presenza. La tua vicinanza, quando è triste, può costituire il supporto di cui ha bisogno per superare l'ostacolo.

Ci sono momenti in cui le parole non bastano. Certe situazioni possono essere molto tese, tanto che puoi aiutarlo solo attraverso la tua presenza, dimostrandogli che comprendi la sua sofferenza e che gli stai vicino. Gli basterà. Sicuramente, quando il momento critico comincia a svanire, gliene puoi parlare, puoi avere con lui una conversazione che gli sia utile.

Il tempo trascorso insieme è una prova del tuo amore. Ascoltarlo e dargli l'opportunità di esprimersi è sempre una manifestazione d'amore.

Le parole. Sono un importante veicolo dei nostri sentimenti e di energia. Questo è stato provato scientificamente da Masaru Emoto, che ha dimostrato attraverso esperimenti scientifici che l'acqua cambia la sua struttura e qualità dopo essere stata esposta a parole differenti. Le parole positive, con un carico energetico benefico, come per esempio "grazie", "amore", "gratitudine", formano, durante il congelamento, dei cristalli armoniosi e ben delineati; mentre le parole con una carica negativa, come per esempio "stupido" oppure "non va bene" formano cristalli deformi e fratturati.

Dato che i nostri corpi sono formati all'incirca dal 70% acqua, le parole che usiamo ci influenzano.

Le parole hanno un effetto immenso su di noi e sulle persone che ci circondano. Elimina le parole con un carico negativo quando parli a tuo figlio. Vedrai come un tono di voce caldo e parole positive possono fare miracoli.

Evita preferibilmente formule contenenti negazioni, del tipo: "non vuoi mangiare?" come se lo invitassi a dire di "no". Puoi dire: "vuoi mangiare?", oppure "che cosa vuoi mangiare?". Per un'abitudine generalizzata, usiamo molto spesso espressioni come: "Non vuoi uscire a giocare?", "Non vengono i tuoi compagni?" ecc. Il senso della stessa domanda, ma espressa in forma positiva, risulta benefico, da una parte grazie alle parole usate e, dall'altra, perché non comporta una risposta. La possibilità di scegliere una risposta è libera.

Elimina le parole con un carico negativo quando parli a tuo figlio.

Le parole, insieme al nostro comportamento, al tono di voce che usiamo, alla mimica che abbiamo e, soprattutto, insieme ai nostri pensieri, rappresentano le manifestazioni dei sentimenti che proviamo. Attraverso tutte queste manifestazioni il bambino sente ciò che gli vuoi trasmettere. Affermi invano di amarlo se ti succede di chiamarlo "stupido", se lo guardi con odio quando sei arrabbiato, oppure se non lo lasci parlare ogni volta che ti vuole dire qualcosa. Lui sentirà il vero messaggio al di là delle parole.

Niente di quello che gli puoi offrire avrà mai il valore del tuo amore incondizionato.
È una gemma che porterà nell'anima per sempre.

L'amore incondizionato che offri al figlio lo accompagnerà per tutta la vita.

La preghiera

Può sembrare strano, però molti genitori provano stati d'animo rabbiosi nei confronti dei figli. Ci sono dei momenti in cui gli indirizzano addirittura delle bestemmie. Ci possono essere molte spiegazioni per questo comportamento, per esempio che i figli non ubbidiscano, e questo può far perdere il controllo. I genitori temono in questo caso che la loro immagine sia rovinata di fronte ai conoscenti, agli amici; vivono un sentimento di inferiorità in una situazione in cui non sanno come agire verso il figlio ecc. Non approfondirò ora queste ragioni, queste cause che hanno più a che fare con gli stati d'animo soggettivi del genitore che con la situazione data.

Quello che importa è che queste situazioni esistono e che possono danneggiare gravemente il figlio, da bambino o da adulto. Tra genitori e figli esiste un forte legame emozionale. Un legame energetico stretto. Le parole, come anche i pensieri dei genitori riguardanti i figli, hanno un forte impatto su di loro. Questo impatto si ritrova anche ad un livello molto sottile.

Persistere nel tenere il broncio al proprio figlio può danneggiarlo gravemente. Tutti i pensieri, buoni o cattivi, che qualcuno ha verso di noi, ci influenzano. Quando si tratta del rapporto genitore-figlio, questo impatto è maggiore proprio grazie allo stretto legame esistente tra di loro.

Il rovescio della medaglia è il pensiero buono, la preghiera semplice e di cuore di un genitore per suo figlio. È il modo più semplice, ma di grande utilità, in cui puoi aiutare tuo figlio.

La preghiera per tuo figlio può essere un buon modo per iniziare ogni giornata. Non pensare che io ti proponga di leggere libri di preghiere.

La preghiera (intesa come pensiero) *semplice, chiara e concisa* per tuo figlio, così come la senti tu, nel tuo cuore, può avere un effetto maggiore di infinite preghiere imparate a memoria.

La preghiera lo protegge e aiuta te a sfuggire alle paure e ai dubbi di genitore. La preghiera unifica le vostre energie e può ricreare un legame che sul piano reale, della comunicazione verbale, può essersi interrotto.

Riguardo alle preghiere devo precisare alcune cose.

1. È importante *come preghi*.
Se è lungo l'elenco di cose che vorresti avere nella tua vita o che desideri per la vita di un figlio, devi scegliere. Se la tua preghiera assomiglia alla lunga lista della spesa con cui vai al mercato, la probabilità che i desideri si

realizzino è molto scarsa. Da una parte una lunga lista di desideri prova che non sei capace di stabilire le tue priorità e ti crea in partenza uno sconforto di cui puoi essere consapevole o meno. Dall'altra parte, quando hai tropppi desideri, si realizza il proverbio "Chi troppo vuole nulla stringe". Va detto che la tua energia è limitata. Se la investi in quattro desideri, ognuno necessiterà una piccola parte della tua energia. Se scegli però la cosa più importante per te, quella godrà della tua intera energia, e non sarà costretta ad essere divisa.

In primo luogo devi essere *chiaro* su ciò che vuoi più di ogni altra cosa. Per te o per tuo figlio. Poi, devi esprimerlo in una maniera *semplicissima*. Grattarsi il capo non è mai stato utile a nessuno: serve solo a tirarla per le lunghe. E non penso che tu lo voglia fare quando si tratta di tuo figlio. Invece di elencare una lista senza fine di desideri, è meglio esprimere con qualche parola semplice quello che esattamente vuoi per lui. E così siamo arrivati alla terza qualità di una preghiera: che sia *concisa*.

Se sei abituato alle preghiere contenute nei libri religiosi, prova per una volta *una preghiera semplice, chiara e concisa* e ne sentirai la forza.

2. È importante *sentire* la cosa per cui preghi. Se la tua preghiera viene recitata solo a livello mentale, intellettuale, non è sufficiente.

Devi vibrare col tuo desiderio, devi essere il tuo desiderio, sentire il suo compimento. Se ci riesci, sentirai pienamente la benedizione di Dio.

3. Abbi *fede*. Cioè sii convinto che Dio ti sta vicino e ti sente. E che troverà la via per aiutarti. Forse non sarà la via scelta da te, ma sarà sicuramente d'aiuto. Per questo, se ti senti vibrare di questa fede, puoi recitare la preghiera in forma di ringraziamento: "Grazie Signore della cura che hai per mio figlio".

È importante come preghi per tuo figlio, quello che senti quando lo fai e la fede che hai.

Certamente, si possono fare anche altre osservazioni sulla preghiera: non si deve pregare per qualcosa che può danneggiare qualcun altro, ed è possibile che una cosa per la quale preghi non si realizzi perché, se si realizzasse, ti farebbe più male che bene.

La preghiera è un pensiero buono. È amore. È conforto. Possiamo o usarla solo nel momento del bisogno, oppure integrarla nel nostro essere. Abbiamo molte abitudini acquisite che ci fanno onore. Perché rifiutare un'abitudine che può migliorare la nostra vita? Non hai bisogno di tempo per pregare: è sufficiente canalizzare i tuoi pensieri in una certa direzione. So che non è la cosa più facile da realizzare, con tutti questi pensieri che ti ronzano in testa e ti spremono energia. Con l'aiuto della preghiera puoi però unire tutti i pensieri in uno solo e gioire della pace che ne risulta. Puoi creare un cerchio di energia benefica in mezzo al quale vi ritrovate tu e tuo figlio.

**Devi vibrare
col tuo desiderio,
essere il tuo desiderio,
sentire il suo compimento.**

I valori

Le persone hanno bisogno di valori. Senza di essi si troverebbero a un livello animalesco. Questo bisogno è generato dalla coscienza di sé, senza la quale l'uomo non farebbe più nessuna distinzione tra il bene e il male. I valori rendono bella la vita, ci aiutano a definire la nostra identità e ad acquisire il rispetto di noi stessi.

Da piccoli apprendiamo i valori dei nostri genitori perché loro sono più vicini a noi, il loro mondo è il nostro universo, dal quale assorbiamo tutto, provando a definire la nostra personalità in rapporto ad esso. Quando sei piccolo, l'universo dei genitori è il riferimento morale ed estetico al quale ti relazioni. Molti dei valori che ti hanno circondato nell'infanzia si annidano profondamente nella tua personalità e ti spingono ad agire in una certa direzione per tutta la vita.

I valori che ci portiamo appresso e sui quali basiamo la nostra esistenza ci condizionano. Essi non sono neutrali nei nostri confronti. Influenzano tutto quello che facciamo, il modo in cui pensiamo e, non da ultimo, anche i nostri sentimenti. Possiamo dire che il selciato della strada per la felicità è costituito dai nostri valori.

I valori si tramandano di generazione in generazione e ci illuminano la vita indipendentemente dall'età che abbiamo. L'assenza di valori comporta la mancanza di un punto d'equilibrio e di appoggio nella ricerca dell'identità, significa una vita colma di inquietudini ed ricca di occasioni mancate. Senza di essi l'essere umano non potrebbe fiorire e neanche raggiungere il suo potenziale. Ci sono valori senza i quali gli umani non potrebbero vivere con dignità e rispetto per il proprio io.

I valori dei quali voglio parlare sono quelli che portano a realizzare un beneficio individuale e non uno collettivo. Il bene collettivo viene da sé se ogni individuo è felice.

1. La semplicità. È un valore che io personalmente apprezzo e amo molto. Se la gente si sbarazzasse del peso delle cose inutili, cominciando dai beni materiali superflui accumulati solo per una dipendenza psicologica e non per la loro utilità, per finire con gli oggetti non essenziali nella propria esistenza, la vita si mostrerebbe sotto altri auspici.

Molte cose prodotte dal motore di una società consumista ci appesantiscono inutilmente. Non riusciamo a vedere le cose essenziali a causa del troppo contorno. E la nostra vita diventa più pesante ogni giorno che passa, man mano che compaiono sul mercato nuovi prodotti sempre più moderni, che ci fanno desiderare di possederli, di comprarli anche se non sempre ne abbiamo bisogno, ma per i quali siamo pronti a sacrificare ciò che abbiamo di più importante: il tempo, e quindi la nostra vita.

Viviamo la vita di fretta, dimenticando di goderci le cose piccole, semplici, che costituiscono di fatto l'essenza di una vita vissuta pienamente.

Godi insieme a tuo figlio di una passeggiata all'aria aperta, respira con avidità insieme a lui l'aria primaverile inebriante, ammira insieme a lui le stelle nel cielo, vivi la gioia di stare insieme a lui; questi sono momenti che gli rallegreranno l'anima, che ricorderà più avanti nel tempo e che rivivrà moltissime volte.

Puoi fare tante cose per gioire delle cose semplici. Puoi rinunciare all'acquisto di un secondo televisore in casa per una gita in montagna; puoi rinunciare ad una cena sfarzosa fuori a favore di una cena semplice a casa , ma piena di gioia. Se ad una cena abbondante la vostra attenzione si concentra sulle pietanze da assaggiare, ad una cena semplice potete concentrarvi sulla gioia di stare insieme e di condividere la cena.

Quando parlo di semplicità, parlo di una vita moderata nel contesto di una società predisposta ad un consumo sempre maggiore rispetto ai suoi bisogni, non mi riferisco alla povertà. È difficile gioire di una cena semplice quando vivi nell'indigenza. Io sto parlando qui della semplicità come equilibrio, come una bilancia tra un'abbondanza fatta come fine a se stessa e la moderazione che ha come scopo una vita sana e soddisfacente.

La semplicità ci avvicina all'essenza della vita ed alla gioia. Anche la comunicazione quando è semplice e va al sodo, raggiunge il suo scopo molto più veloce di qualsiasi altra comunicazione complicata e ricercata. La vera comunicazione si realizza quando il tuo messaggio viene compreso dalla persona cui è stato trasmesso.

Ci sono molti bambini per i quali Natale vuol dire Coca-Cola o che intendono questa festa come un grande cenone. Veramente, non solo per i bambini, ma anche per gli adulti il Natale è diventato un grande party e un'occasione per abbuffarsi. Non nego il valore dei cibi preparati in casa, ma si sono persi gli aspetti spirituali essenziali di questa festa: la comunione con gli altri, il perdono degli errori commessi durante l'anno passato - perché tutti commettiamo errori - e la condivisione della gioia di esser presenti e di fare le cose insieme. La grande gioia nasce dalla partecipazione e dal coinvolgimento di tutti, grandi e piccoli, alla preparazione di questa festa. In molte case quest'evento è arrivato a essere una faticaccia per la padrona di casa e non solo per lei, e principalmente proprio perché non ci sentiamo più all'altezza della situazione se portiamo in tavola solo due o tre pietanze. La tendenza è di riempire la tavole con "un po' di tutto", si coglie l'occasione per vantarci di "avere di che cosa portare in tavola" e di dimostrare che "non ci manca niente". Pian piano si perde la spiritualità, e gli eccessi culinari si pagano con chili in più, con uno stato di scontentezza ed anche con una salute compromessa.

Se vivi vicino a tuo figlio le gioie semplici, egli non potrà passarci accanto senza sentirne la magia. Non potrà ignorarle. In questi sentimenti egli troverà la forza di andare avanti.

2. L'onestà. L'onestà comincia praticandola con se stesso. Nessuno può essere onesto con gli altri se non lo è prima di tutto con se stesso.

Essere onesto significa usare la stessa misura nel giudicare sé e gli altri. Vuol dire staccarsi dal proprio interesse e situarsene al di sopra.

L'onestà porta con sé, in primo luogo, pace interiore, equilibrio e serenità d'animo. Secondariamente, se tutte le persone, indifferentemente da come si comportano, desiderano che gli altri siano irreprensibili nei loro confronti, desiderano relazioni corrette e prima di tutto un rapporto di coppia onesto e un figlio che dica sempre la verità, ci si può chiedere: possono pretendere di essere trattate correttamente se loro stesse non lo sono?

Molti anni fa ho assistito al caso di una giovane mamma che incoraggiava la figlia, arrivata all'età dell'adolescenza, ad approfittarsene finanziariamente delle sue relazioni con i ragazzi, nel senso cioè di uscire con loro per divertirsi a spese loro per poi abbandonarli. Mi sono chiesta allora: che aspettative avrebbe potuto avere quella ragazza più tardi dal suo partner? Probabilmente avrebbe desiderato di essere trattata correttamente, mentre l'elenco delle sue precedenti azioni sprovvedute sarebbe stato cancellato dalla sua mente dalle giustificazioni che noi tutti troviamo quando si tratta del proprio comportamento.

Quando ti aspetti dagli altri l'onestà, guardati bene nel profondo della tua anima e osserva se tu sei in grado di offrire ciò che aspetti dagli altri.

Non puoi desiderare una vita bella e allo stesso tempo mettere alle sue fondamenta la menzogna e la finzione. Perché la vita non funziona così. La vita ha le sue leggi immutabili e, anche se tu lo desiderassi, non sei certo tu colui che scrive quelle leggi. Tu sei solo colui che ubbidisce alla loro azione.

I genitori tendono a mettere il bene del loro figlio al di sopra del bene degli altri. Però il bene di tuo figlio non può essere separato dal bene degli altri che apparentemente. Se tu da genitore lo orienti, intenzionalmente o meno, verso un proprio guadagno a sfavore degli altri, lo guidi su una strada su cui egli non sarà mai veramente felice. Perché il rapporto in cui io ci guadagno e tu perdi, non rappresenta per me che un falso guadagno. Se prendiamo l'esempio del rapporto di coppia, perché è qui che la maggior parte delle persone cercano la felicità, pensaci bene se hai mai visto una persona felice insieme ad una infelice.

L'onestà è la base della piramide dei valori. Puoi amare molti altri valori, ma se la base presenta delle crepe, tutto tremerà di tanto in tanto e si risistemerà quando sarai disposto ad ammettere la verità a te stesso.

Il bambino impara dal suo genitore ad essere corretto e in buona fede. Il genitore è il suo primo modello. Certamente più tardi arrivano altri modelli, a scuola, nel gruppo degli amici. Ma c'è una base solida su cui si appoggiano tutte queste cose e questa base è quella che gli fornisci tu.

3. La compassione. È il sentimento più bello e più complesso che possa riscaldare l'anima umana. La sua complessità risulta dalla comprensione dell'altro, dalla situazione in cui si trova l'altro, dai suoi stati d'animo, dalla sincerità senza la quale non puoi vivere questo sentimento, dall'amore, ma anche dal gesto di affetto vero e proprio. Questo gesto può essere una carezza, un'azione di carità o semplicemente una parola dolce. Qualsiasi cosa che dimostri alla persona in sofferenza che non è sola.

La compassione vissuta e manifestata sinceramente è come una fiamma che non brucia, ma ti protegge dalle cose negative della tua vita. Per quanto tu possa essere arrabbiato, un atto manifesto di compassione ti offre l'equilibrio interiore. Nel momento in cui doni qualcosa di tutto cuore, empaticamente, il confine tra te e l'altra persona sparisce, tu senti la sofferenza dell'altro e, allo stesso tempo, senti l'effetto del tuo amore sotto forma di un sentimento di benessere che ti riscalda il cuore. Ci sono persone alla cui presenza ti senti d'incanto solo perché vedi nei loro occhi che ti capiscono, che comprendono la tua sofferenza. E questo ti basta.

La compassione è un sentimento, ma anche un valore in sé, che cresce dal nostro profondo, ma ha anche bisogno di essere seminato e curato. L'educazione dei genitori e della scuola è molto importante per il radicamento di tali valori.

Quando ero alle elementari, la maestra ha iniziato un'azione di assistenza ad una signora anziana che viveva da sola nelle vicinanze della scuola e con mezzi materiali estremamente ridotti. Ogni bambino portava da casa ciò che si poteva permettere: zucchero, olio, farina, qualunque cosa era ben accetta. Quest'azione si è ripetuta alcune volte. Essendo solo una bambina, non mi rendevo conto quanto quest'aiuto significasse per quella signora anziana e sentivo anche un leggero sconforto nel dover sopportare l'odore pesante, di vecchio che si sentiva nella sua casa.

Eppure, quell'azione ha avuto un eco così forte negli anni successivi, che penso che quello sia stato uno dei semi da cui è spuntato il mio sentimento di compassione.

Molte cose risalenti all'infanzia hanno agito in questo modo. Se penso alla mia passione per il giardinaggio e a tutto ciò che significa per me la natura e guardo indietro negli anni, mi passano davanti agli occhi tutte le azioni che mi hanno ispirato: la zia anziana, con la quale dividevamo il cortile, che curava dalle prime ore del mattino fino a tarda sera il suo giardino, i cui fiori ed odori m'incantavano i sensi ogni giorno, l'albero piantato nel cortile della scuola durante un'attività per la cura della natura, la gioia di mio padre quando arrivavamo al nostro orto, un posto in riva ad uno stagno, dove mi sentivo come in paradiso...

A quei tempi non avevo idea che quella zia piegata dal lavoro ed il suo giardino mi avrebbero influenzata così tanto. Anche adesso, se chiudo gli occhi, rivedo il posto di ogni fiore e capisco quanto il suo giardino sia stato importante per me.

L'infanzia è come un campo a primavera. Continui a piantare, ma solo dopo aver raccolto i frutti ti accorgi se il terreno è stato fertile, se i semi sono stati buoni, se hanno avuto abbastanza sole ed acqua.

Il sentimento della compassione si deve coltivare. Il bambino osserva i suoi genitori che curano il nonno anziano e malato, si prendono cura di un cagnolino randagio e lo portano al canile, aiutano un vicino che ne ha bisogno oppure trovano una parola di conforto per un collega di lavoro. Il bambino interiorizza questi comportamenti, questi stati d'animo, ed al momento giusto li manifesterà anche lui.

Certamente, è importante che i genitori agiscano in questa maniera costantemente e non sporadicamente, affinché questo sentimento spunti nell'anima del bambino.

La compassione è anche un valore benefico per la società, attraverso i suoi effetti; però a livello individuale il beneficio è maggiore, perché l'individuo è quello che gode di questo sentimento.

Col passare del tempo ho notato in molte persone sofferenti una reazione abbastanza comune nel respingere questo sentimento: "Non provare neanche a sentire pena per me!" – e ci sono delle cose da dire al riguardo.

Se aiuti qualcuno con arroganza e ti degni di guardare dall'alto chi si trova nel bisogno, allora quella non è più compassione.

Ugualmente, molte persone rifiutano l'aiuto per orgoglio, il che è più di una stupidaggine. Hai bisogno d'aiuto, puoi essere aiutato e comunque respingi l'aiuto perché il tuo ego non te lo permette, e perché nella tua mente credi che, se accetti l'aiuto, questo significhi che sei inferiore all'altro.

L'aiuto reciproco è qualcosa di naturale sia quando lo si dà che quando lo si riceve. Non c'è posto per l'orgoglio qui, per non dire che non ce n'è da nessun'altra parte.

Quando hai un dispiacere oppure semplicemente una necessità che difficilmente puoi affrontare da solo, è fantastico vedere che qualcuno ti aiuta senza avere nessun altro interesse, ma semplicemente perché capisce il tuo bisogno.

4. Il rispetto per se stessi. Con ogni cosa che imponi al figlio, solo perché egli è piccolo o semplicemente perché in quel momento tu sei il più forte, incrini un po' il rispetto che ha per se stesso. Manifesti mancanza di rispetto verso di lui e verso la sua capacità di capire le cose se pratichi un'educazione applicata attraverso la forza e l'imposizione. Nella nostra società purtroppo questo tipo di educazione si riscontra molto spesso tra i genitori.

Il bambino impara il rispetto per se stesso attraverso l'atteggiamento dei genitori nei suoi confronti. Loro sono i suoi riferimenti iniziali.

Il rispetto per se stessi è un'importante pedina nell'evoluzione della personalità del bambino. In base al dosaggio di questo rispetto, si delineeranno anche altri tratti della personalità, e il bambino e in seguito l'adulto, sarà portato ad agire in una direzione o nell'altra. In base al rispetto per sé crescerà anche la fiducia nella sua capacità di realizzare le cose che desidera, di avere il lavoro che gli piace, di creare un bellissimo rapporto di coppia duraturo ecc.

Tutta la nostra vita gravita intorno al rispetto verso noi stessi: la nostra pace interiore, la fiducia di poter realizzare certe cose, la visione più ottimistica o più pessimistica che abbiamo della vita.

Il rispetto per se stesso è una guida nel cammino spirituale e materiale. È il punto centrale intorno al quale tessiamo la nostra vita. Nel rispetto per noi stessi si trova anche la fiducia di meritarci di essere felici o meno. Sicuramente questo rispetto si evolve durante il percorso della nostra vita in base alle nostre azioni e ai loro risultati. Il suo punto di partenza si trova, però, nell'atteggiamento dei genitori verso di noi, all'inizio della nostra vita. È allora che si forma questa spina dorsale che potrà sostenere o no la muscolatura più avanti negli anni.

La fiducia che i genitori ci dimostrano nella nostra capacità di comprendere e di fare certe cose, il modo in cui correggono i nostri errori oppure ci determinano a fare le cose che loro considerano giuste, rappresenta il punto di partenza del nostro rispetto verso noi stessi.

La mancanza di rispetto di se stessi può portare a delle azioni autodistruttive, complessi d'inferiorità, sfiducia nella propria persona, un pensiero fissato sin dall'inizio su un percorso negativo ecc.

È difficile credere che chi non rispetta se stesso potrebbe rispettare qualcun altro. Il rispetto verso gli altri, così come l'amore per loro, è lo specchio del rispetto verso se stesso. Più il rispetto di sé è forte e sano, maggiore è la capacità di rispettare gli altri.

Sicuramente sarai tentato di pensare alle situazioni in cui non ti è possibile andare d'accordo col bambino piccolo e in cui devi imporre più o meno decisamente certe cose, come per esempio l'ora di andare a letto. Ribadisco ora quello che ho detto nel capitolo sulla disciplina. Puoi far fare ad un bambino le cose che vuoi tu in più modi. Dopo avergli prolungato di un'ora il tempo per giocare, siccome non vuole ancora andare a dormire, puoi prenderlo a viva forza e gettarlo nel letto urlandogli: "Basta, non ne posso più. Basta così. Ora vai a dormire". E l'intero episodio diventa traumatico per tutti e due. Oppure puoi dirgli con un tono di voce deciso, nel momento in cui hai stabilito di permettergli un'ora in più per giocare: "Ti do un'altra ora per giocare. Dopo di che andiamo a dormire."

Mostrare comprensione significa molto per il bambino. Anche 5 minuti in più per giocare lo possono rendere felice. E il fatto che vai con lui a dormire, il fatto che partecipi ad una cosa imposta, lo aiuta a superare il momento critico. Se lo facciamo senza pietà, senza tener conto dei suoi desideri, se ci imponiamo solo grazie al nostro status di adulti, cioè di grandi – per il bambino, il cui dovere è solo quello di ubbidire, tutto questo diventa traumatico ed il rispetto di sé del bambino diminuisce in maniera drastica.

Questo è solo un esempio. Le situazioni in cui i genitori impongono i loro punti di vista sono numerose. Siamo propensi a decidere ciò che è bene per lui e ad imporre il nostro punto di vista. A volte i genitori lo fanno anche quando loro figlio è già un adulto. Ricorrono ad un ricatto psicologico e morale che hanno usato per tutta la vita: "Se sposi X, non abbiamo più nulla da dirci!". Non c'è nulla di più terribile che sottoporre il figlio ad una simile scelta. La scelta è tra il dovere verso di te, la persona che l'ha cresciuto, e la sua felicità, così come la vede in quel momento.

5. La tolleranza. Della tolleranza abbiamo parlato in modo dettagliato nel capitolo sul perdono. Non riprenderò le stesse cose, ma non voglio tralasciare questo grande valore umano che fa parte dell'insieme dei valori che devono essere coltivati, prima per il beneficio individuale e poi per il beneficio sociale.

La tolleranza è una misura dell'amore, una misura del donarsi, della comprensione dell'umanità che conteniamo. La tolleranza mostra la nostra comprensione del fatto che le persone sono diverse: pensano, percepiscono ed agiscono in modo diverso, senza che questo significhi che sia errato ciò che loro o noi crediamo. La tolleranza è un sorriso grande, interiore, attraverso il quale ti godi le persone così come sono, con i loro aspetti buoni o meno buoni.

Coltivando questo valore in tuo figlio, gli doni la gioia della vita, la gioia di assaggiare tutto quello che la vita può offrire di bello.

La tolleranza è un sorriso grande, interiore, attraverso cui ti godi le persone così come loro sono.

6. L'amore. L'amore non vuol dire solo l'amore per i genitori, per il figlio, per il partner o per tutto quello che ha un legame diretto con noi. L'amore è uno stato spirituale. È lo stato in cui ci sentiamo puri, intangibili, illuminati dalla grazia divina. È lo stato in cui non abbiamo più bisogno di niente dall'esterno, ma solo di conservare la luce che ci inonda l'anima. Quando ci troviamo in questo stato di grazia sentiamo l'armonia dell'anima, ci sentiamo forti per la nostra forza interiore e buoni, capaci di regalare anche agli altri qualcosa della nostra ricchezza.

Far crescere tuo figlio nello spirito dell'amore vuol dire accendere il fuoco che gli illuminerà tutta la vita. Qualsiasi gesto d'amore e di dedizione che farà verso qualcuno, avrà un effetto dieci volte più forte su lui stesso, irradiando nella sua anima l'armonia e la gioia della vita.

Se hai dei dubbi, guarda con attenzione il viso delle persone che fanno dei doni, non importa quali essi siano, che sia un sorriso, un gesto, una cosa materiale, senza pensare a nessun interesse personale in questo. Guardale con attenzione e vedrai come i loro visi siano adornati di una luce speciale e come tutto il loro essere sia una sorgente di gioia e contentezza.

Per quanto siamo stanchi o arrabbiati, ritroviamo sempre l'equilibrio in un gesto amorevole. Perché l'amore è uno stato naturale della nostra anima, verso il quale aspiriamo, consapevolmente o meno. L'amore è il più grande guaritore dell'anima. Per qualsiasi dispiacere d'animo l'amore è il rimedio completo. E qualsiasi sofferenza fisica può essere superata più facilmente quando sei circondato da amore.

L'amore esiste dentro di noi come una condizione della nostra esistenza. Le esperienze che viviamo ed i condizionamenti tendono a soffocarlo. Il tuo dovere di genitore è quello di curare il nocciolo dell'amore dentro tuo figlio e di offrirgli tutte quelle condizioni che lo facciano crescere e fiorire. Perché nessuno, nessun essere umano si sentirà mai realizzato senza che questo nocciolo diventi maturo.

L'amore è il più grande guaritore dell'anima.

Non confondere però il successo con la sodddisfazione. E' vero: puoi sentirti realizzato quando ottieni un successo, ma poi ne hai bisogno di un altro e di un altro ancora. Qui si tratta della contentezza d'animo e non di quella dell'intelletto o dell'ego.

L'amore si manifesta attraverso ogni tuo gesto: anche quando stai piantando un fiore, anche quando aspetti pazientemente che un anziano attraversi la strada senza urlargli dietro che "a casa lo sta cercando la morte". Amore è anche quando non ti affretti a criticare il tuo collega perché fa le cose diversamente da tutti, anche quando ammiri un paesaggio che ti fa gioire il cuore.

Può darsi che ci siano delle persone che non comprendono quest'emozione. Perché semplicemente non l'hanno sperimentata, perché non l'hanno mai vista. Non hanno colpa per questo. L'esperienza dell'amore può cominciare da un semplice gesto: regala qualcosa ad una persona che ne ha bisogno, senza che tu ne abbia alcun guadagno; vedrai come la gioia dell'altro riempierà anche la tua anima; prova ad essere più disponibile con quelli intorno a te, senza esagerare, e vedrai che, per primo, tu ti sentirai meglio.

Se fai crescere tuo figlio alla scuola dell'amore, gli risparmi molte cose brutte.

- Sarà meno tentato a giudicare gli altri, non stancandosi così la mente e l'anima e avrà più energia da investire in cose veramente creative. Come ho detto prima, la nostra energia è limitata. Possiamo occuparla con pensieri ed azioni che ci tormentano l'anima e il corpo oppure possiamo investirla in cose positive, benefiche per la nostra vita e per quella degli altri.

- Vivrà una libertà molto più grande, perché il più delle volte questa libertà è limitata dai propri pensieri, giudizi di valore e convinzioni. Si è detto che "nessuno può ferirti senza il tuo consenso" (*Eleanor Roosevelt*). Quando l'uomo impara la lezione dell'amore, si posiziona al di sopra di tutte le cose e niente più può toccarlo. Più grande è il tuo amore, più deboli e scarsi diventano le convinzioni ed i giudizi che limitano la tua libertà. Immagina due combattenti su di un terreno ben delineato. Quel terreno sei tu, la tua mente e la tua anima. Quando l'amore fa un passo avanti, tutte le bruttezze si tirano indietro. Se permetti che il fuoco dell'amore si spenga, tutte le paure ed i pensieri brutti ti invaderanno e ti triteranno l'anima. La vera libertà è quella interiore ed essa si traduce, alla fine, in uno stato di benessere, di serenità ed amore.

- Vivrà e assaggerà tutte le cose meravigliose che possono essere sperimentate in questa vita. Saprà godere delle proprie creazioni, ma anche di quelle dell'universo. Il mondo e la vita gli appariranno in tutto il loro splendore.

6.
"I peccati" sempre in agguato

La paura

Non puoi sfuggire alle tue paure

La paura è uno dei più grandi nemici dell'uomo, sotto tutte le sue forme: quella ancestrale, generalizzata, la paura del futuro, di quello che è successo agli altri, della povertà, della morte, e addirittura la paura della vita.

I leader politici totalitari o estremisti hanno sempre governato servendosi come strumento della paura, seminando nel nostro intimo la paura di qualsiasi cosa che potesse essere considerata riprovevole nella visione del sistema; ma anche i leader religiosi l'hanno usata, rendendoci timorosi di fronte a Dio.

La vita vissuta sotto l'influsso della paura ci allontana da noi stessi e ci impedisce di vivere gioiosamente. La paura ci fa agire diversamente da come vorremmo e ci impedisce di manifestare il nostro vero essere.

Per paura di essere fraintese, le persone agiscono spesso al contrario di come vorrebbero: per esempio, rinunciano ad aiutare l'anziano che sta attraversando a suo rischio la strada, per timore che questo atto sia percepito come una debolezza oppure come una cosa puerile, ridicola, perché comunque nessuno compie più gesti come questo che, in questo contesto, potrebbe sembrare quasi anormale.

La paura ci fa prendere decisioni sbagliate, come per esempio quella di sposarsi solo per il desiderio di evitare la solitudine del futuro ma così chi agisce in questo modo si condanna da solo ad una vita da incubo.

La paura, indipendentemente dalla forma che prende, ci rende incapaci di gioire della vita, anche se non ci sono dei pericoli imminenti; ci avvicina più che altro a quelle cose che temiamo, perché più proviamo a sfuggire lontano da esse, più ci raggiungono.

Un detto popolare afferma che "ciò che temi prima o poi ti raggiunge" e, se facciamo attenzione, ci renderemo conto che l'abbiamo sentito spesso ripetere in giro. D'altronde, è qualcosa che tutti abbiamo provato, in una circostanza o nell'altra: più temiamo una cosa, più aumenta la probabilità che questa si manifesti nella nostra vita. E qui torniamo ai pensieri che influiscono sulla nostra vita.

Se temi moltissimo la malattia, la probabilità di attirarla nella tua vita è molto alta. Se temi che il tuo partner ti tradisca, prima o poi questo succederà. Se ti assenti dall'ufficio per un'oretta per sbrigare qualche faccenda personale e temi che il capo se ne accorga, proprio in quel momento è molto probabile che tu lo incontri, anche se sono passate delle giornate senza che tu lo abbia visto.

In una vita dominata dalla paura viene limitata la libertà delle nostre scelte. Non siamo più noi a gestire la nostra vita, ma è la paura a farlo. Nel suo nome prendiamo la maggior parte delle nostre decisioni, a sfavore della manifestazione della nostra unicità.

In una vita dominata dalla paura, sarà questa a influenzare tutta la nostra esistenza.

La paura può essere di molti tipi. È positiva se si manifesta in una situazione in cui sei veramente in pericolo. Se una sera, quando rientri dal lavoro, sei attaccato per strada da una banda di teppisti, la paura ti aiuta a far ricorso a tutte le tue risorse per far qualcosa in tua difesa: gridare aiuto, fuggire, fare a pugni ecc.

Sicuramente, se manifestata nei limiti normali, la paura ha i suoi lati positivi. Quello di metterti in guardia in situazioni potenzialmente pericolose e di mobilitare tutte le risorse disponibili per la tua salvezza.

Ma non è questa la paura che ci stravolge la vita. Il più delle volte si tratta di una paura senza oggetto, che chiamiamo ansia, oppure di una paura sproporzionata rispetto all'oggetto che l'ha generata.

Noi percepiamo la realtà circostante attraverso le emozioni che viviamo. Se viviamo permanentemente in uno stato generale di paura, o al contrario se siamo per natura ottimisti, allora cambieremo la realtà attraverso i nostri stati d'animo.

Se, per esempio, quando vai a fare un esame e pensi che, se non lo supererai, perderai la faccia di fronte agli amici, oppure semplicemente non hai fiducia di superare quell'esame, allora è molto probabile che tu non lo superi. Sia perché la memoria ti farà un brutto scherzo e non ti ricorderai delle informazioni benché tu le abbia studiate, sia perché sarai molto distratto, e a causa di tutte queste preoccupazioni non sarai capace di concentrarti sull'esame in sé.

Forse anche tu hai incontrato quel genere di persone che non studiano un gran ché, ma vanno a fare l'esame "a casaccio", perché più che essere bocciati non può succedergli niente, e per miracolo, lo passano anche. Tu hai studiato moltissimo e sei stato bocciato, mentre il tuo compagno, con quella naturalezza che tu non sarai mai in grado di avere, è stato promosso.

L'ansia è la più frequente forma di paura, che può essere vissuta con intensità diversa e può produrre veri e propri danni nella vita interiore di una persona. Essa si collega in prevalenza all'ambito sociale, ai rapporti sociali, all'immagine di sé ed al modo in cui veniamo percepiti dagli altri.

Oltre ai fattori biologici, l'ambiente in cui il bambino vive, come anche l'atteggiamento ed il comportamento dei genitori, possono creare la premessa per la manifestazione dell'ansia nella sua vita.

Un ambiente sicuro, in cui al bambino vengono offerti l'amore e la protezione necessari, lo ripara da paure infondate. La sicurezza del bambino, tanto quella emozionale quanto quella fisica, lo aiuta a guardare la vita con fiducia ed ottimismo. E quando guardi la vita con fiducia, essa ti ricambia in base alla tua fiducia.

Quando guardi la vita con fiducia, essa ti ricambia in base alla tua fiducia.

D'altra parte, neanche troppa protezione va bene. Un ambiente iperprottettivo crea nel bambino insicurezza e sfiducia nella propria capacità di risolvere i problemi. Se, per esempio, un genitore timoroso accompagna il figlio a scuola fino all'età dell'adolescenza per paura che gli possa accadere qualcosa di male, allora il figlio svilupperà un'insicurezza nella sua capacità di cavarsela in varie situazioni.

Potrebbe altresì sviluppare una forte dipendenza dal genitore, che più tardi potrebbe trasformarsi in dipendenza da qualcun altro. Non proteggere il bambino più di quanto egli ne abbia bisogno. Deve sentirsi amato e anche protteto, ma deve imparare anche a far fronte alle varie provocazioni della vita, a misura della sua età.

Per esempio, è difficile dire quale sia per un bambino l'età giusta per andare a scuola da solo. Dipende dalla personalità del bambino, dalla distanza della scuola, da quanti mezzi di trasporto dovrebbe prendere per arrivarci, da quanto sicuri siano i quartieri che dovrebbe attraversare ecc.

Per questo, le decisioni si prendono tenendo conto di un dato contesto. Se mandi il bambino a scuola da solo prima del necessario, supponiamo che frequenti la materna e che abbia una distanza lunga da percorrere, allora lo puoi anche traumatizzare. Se lo accompagni a scuola fino all'età di 15 anni, allora sicuramente gli puoi creare dei complessi e renderlo dipendente da te.

Queste situazioni sono molto delicate e, se ti senti sopraffatto, puoi chiedere il consiglio ad uno specialista. Uno psicologo ti può aiutare a prendere una decisione. Ma, più semplicemente, puoi trovare una soluzione sondando il terreno e sperimentando. Prima puoi presentare l'idea al bambino ed osservare la sua reazione. Potresti avere la sorpresa di vederlo felice all'idea di andare a scuola da solo oppure accompagnato da un compagno. In alternativa all'inizio puoi andarlo a prendere non fino alla scuola, ma solo andargli incontro. Così farà i suoi primi passi da solo, avendo la certezza che tu sia vicino. Sarà una vera e propria avventura per lui.

Molti genitori minacciano il bimbo piccolo, pure ai nostri giorni, con il "babau" oppure con la frase "se non fai il bravo, viene l'uomo nero a prenderti", oppure con altri personaggi che gli mettono paura. E tutto questo per costringerlo a fare una cosa che lui non vuole fare volentieri.

Molte volte, i genitori stanchi o seccati fanno uso di una costrizione per ottenere la sottomissione del figlio. Ma gli effetti della costrizione sono devastanti a livello psicologico. Ottenere qualcosa da tuo figlio con la forza o con la paura significa aprire la porta alle sue ansie future. È vero, non è facile ottenere ciò che vuoi da lui, soprattutto quando consideri che lo fai per il suo bene e lui si ostina più di un mulo. Devi bilanciare bene le cose per trovare una soluzione. Puoi scegliere, per esempio, di rifiutare un regalo della sua lista dei desideri, se egli si ostina.

Si dice che la paura faccia nascere i mostri. Questi mostri si costruiscono una tana dentro di noi, divorando la nostra pace interiore e limitando l'espressione di noi stessi. Non radicare la paura nell'anima del tuo bambino solo per il desiderio di proteggerlo o di controllargli la vita. Insegnagli a difendersi dagli eventuali pericoli. È più sano insegnarglielo che instillargli la paura.

Il modo più efficace per combattere le sue paure ed inquietudini è quello di gioire della vita insieme a lui. La gioia e l'allegria combattono le paure che tendono ad annidarsi nell'anima del bambino.

Sii attento alle cose che dici in sua presenza, alle storie che si raccontano intorno a lui ed il cui finale drammatico può accendere in lui tanto l'immaginazione quanto la paura.

Non usare le paure del bambino per controllarlo o per manipolare le sue emozioni. Le affermazioni del tipo "Se io muoio voi andate tutti in malora !", dette solo per il desiderio del genitore di ottenere più apprezzamento da parte dei famigliari, non portano alcuna utilità a nessuno, neanche a chi le dice. Il bambino ha una capacità di visualizzare, di immaginare, più forte dell'adulto. Per lui la parola si traduce subito in immagine e l'immaginazione può lavorare senza limiti.

Se non ne sei convinto, fa' un inventario di tutte le tue paure e timori. Prova a scriverli su un pezzo di carta e poi immagina come potrebbe essere la tua vita senza di loro. Ne senti la liberazione? Senti quanto bella sia la tua vita e come siano belle le cose che vedi, senti e sperimenti?

La maggior parte delle paure si collegano a potenziali eventi che temiamo possano succederci in un futuro più o meno remoto. Le cose che temiamo si trovano nel futuro, non possiamo essere certi che succedano, ma la paura che viviamo è nel presente. E infatti la paura ci fa vivere nel presente tutte quelle cose che non ci sono ancora accadute. E, in una maniera o nell'altra, col pensiero o con l'azione, noi le attiriamo nella nostra vita. Da qui anche il detto: "ciò che temi prima o poi ti raggiunge."

Non spaventare il bambino solo per controllarlo o per manipolare le sue emozioni.

Se ci sono degli eventi concreti dai quali devi proteggere tuo figlio, come per esempio un terremoto, i ladri, gli aggressori, la malattia, il farsi male cadendo dall'alto ecc., allora insegnagli le modalità per difendersi in tali situazioni. Perché comunque gli eventi non li puoi sicuramente controllare. E fallo in una maniera tale che lui si senta protetto con l'essere a conoscenza di tutti quei pericoli, e non spaventato al pensiero di ciò che gli potrebbe capitare.

L'ira

Ci capita spesso di incontrare persone arrabbiate. Per strada, al lavoro, nel gruppo d'amici, in famiglia e – perché non ammetterlo? – ognuno di noi ha provato questo sentimento.

L'ira arriva con un peso emozionale che ti brucia dentro, è come un vulcano che una volta entrato in attività non può più essere fermato e nessuno sa quando finirà di eruttare. L'ira oscura la mente, distrugge ogni traccia di ragione e tolleranza, conducendoti a prendere decisioni errate e a ferire gli altri senza volerlo.

L'ira è una delle emozioni distruttive più dannose alla salute. Il vivere frequentemente questo stato è in stretta relazione a certe malattie, soprattutto malattie cardiache.

I fondamenti principali che sostengono l'ira sono l'ego della persona ed il suo desiderio di conservare una certa immagine di sé. Sicuramente è possibile anche che l'ira nasca dalla violazione del nostro libero arbitrio, da azioni che limitano il nostro modo di essere e di manifestarci.

Indipendentemente dalla causa che l'ha generata, essa produce delle conseguenze fisiche. L'ira presuppone un consumo intenso di energia, un forte sconforto interiore e porta quasi sempre uno squilibrio nel rapporto con gli altri.

Il più delle volte questa emozione ha uno stretto legame con l'educazione ricevuta in famiglia e con il modo di comportarsi delle persone che ci circondano. È davvero improbabile che una persona iraconda, o che non manifesta comprensione verso gli altri, provenga da una famiglia calma. Da una parte c'entra l'educazione ricevuta, e dall'altra i comportamenti visti in giro ed assunti.

In questo momento non ci riferiamo alle sfuriate del bambino piccolo, che non fanno altro che mettere alla prova i limiti del genitore. Mi riferisco qui ai principi educativi dei genitori, che pongono le basi della manifestazione o della non-manifestazione dell'ira nella vita del futuro adulto.

Le sfuriate di un bambino sono passeggere e, benché debbano essere guardate con comprensione, non devono produrre il risultato che il bambino si aspetta, perché questo non farà altro che rafforzare la sua convinzione che, attraverso questa manifestazione, lui può ottenere ciò che vuole dalle persone che lo circondano. Quando un bambino sta urlando, piangendo e monta su tutte le furie perché vuole qualcosa a tutti i costi, il miglior metodo da seguire è di guardarlo in modo comprensivo e dirgli con calma che parlerai con lui e proverai ad aiutarlo solo dopo che si sarà calmato. Dev'essere chiaro che non può ottenere nulla da te attraverso la sua ira.

Ma ci tengo a ribadire che non la furia del bambino è l'argomento principale qui, ma l'educazione impartita dai genitori, che alimenta, oppure al contrario taglia, le radici della manifestazione di furia nella vita del futuro adulto.

Sì, il mestiere di genitore non è tra i più facili al mondo. Non credo che ci sia qualcos'altro nel mondo che ci influenzi a così lungo termine. Se le manifestazioni di rabbia hanno una certa frequenza nel comportamento dei genitori, allora la probabilità che esse appaiano ad un certo punto nella vita del figlio diventato adulto sono molto alte. Non puoi ostacolare tali manifestazioni nella vita di tuo figlio se le pratichi tu stesso.

Quali sono i principi d'azione per prevenire la manifestazione dell'ira nella vita di tuo figlio? Il tuo **comportamento** è la prima cosa che devi curare. Il tuo modello di comportamento è il punto di riferimento nella vita di tuo figlio.

L'atteggiamento verso le altre persone.
Insegna a tuo figlio a guardare le persone con comprensione, a capire che le persone sono tutte diverse una dall'altra e che, per questo,

anche le loro manifestazioni saranno diverse. Questo non vuol dire necessariamente che uno agisca bene e l'altro male, ma solo che le loro azioni sono differenti e che, se non fanno male a nessuno, le persone sono libere di manifestarsi come vogliono.

L'immagine di sé. Aiuta tuo figlio ad avere una buona immagine di sé e a non dipendere dagli altri. Aiutalo ad essere consapevole del suo io e del suo valore.

Molte volte l'educazione ricevuta dai genitori e quella offerta dalla scuola e dalla società creano nella persona una dipendenza dagli apprezzamenti degli altri. E allora si va alla caccia di questi apprezzamenti, rimanendo permanentemente esposti e disarmati di fronte alle opinioni altrui. Le persone possono dire molte cose su di te, possono avere i loro pareri nei tuoi riguardi. È il loro diritto. Ma se tu sai chi sei, questa è la cosa che più importa.

L'immagine di sé è uno dei sostegni dell'ira. Se l'immagine è debole e si modifica in base a quello che dice l'uno o l'altro, non farà che alimentare la manifestazione dell'ira nella tua vita e in quella di tuo figlio. Se l'immagine di sé è forte e sana – ed è vera, non simulata – allora la rabbia sparirà dalla vita di tuo figlio e lascerà il posto ad altri sentimenti che gli illumineranno la vita.

> **Molte volte l'educazione ricevuta dai genitori, dalla scuola e dalla società crea nel bambino una dipendenza dagli apprezzamenti degli altri.**

Certamente, oltre i confini della famiglia, il bambino può vedere manifestazioni di rabbia dappertutto intorno a sé. Esiste difatti il pericolo che le percepisca come una prova di potere e che desideri manifestarle anche lui. Potrai impedire questo esercitando la tua educazione, osservando e spiegandogli queste manifestazioni che si verificano intorno a lui, attraverso la tua comprensione, ogni volta che ti si offre l'opportunità. Dal momento in cui nasce tuo figlio, hai 18 anni a disposizione per porre insieme a lui le basi di una vita bella e realizzata.

La colpevolezza

Errare è umano

C'è una pratica, abbastanza diffusa tra i genitori, di far sì che i figli si sentano colpevoli. Non si tratta di un piacere sadico del genitore, ma piuttosto di un modo con il quale il genitore prova a insegnare a suo figlio a distinguere tra il bene ed il male, a dargli un'educazione morale. A volte può trattarsi anche di un tentativo di manipolare i sentimenti del bambino, per assicurarsi il suo amore e rispetto. Però la colpevolezza non è la via più appropriata per ottenere un'educazione morale e neanche per guadagnarsi il suo rispetto.

Se vuoi dare a tuo figlio un'educazione morale, mostragli quali sono le conseguenze delle buone o delle cattive azioni, aiutalo a capire, sii un modello di umanità per lui. Se ha commesso un errore, il che è normale per un bambino, spiegagli perché ha sbagliato e quali sono le conseguenze delle sue azioni. Mostragli comprensione perché ognuno di noi può sbagliare, e fagli capire che è importante imparare dal suo errore affinché non lo commetta una seconda volta. Se l'errore si ripete oppure se è molto grave, puoi trovare una sanzione a misura dell'errore, però devi essere consapevole che il ruolo della sanzione è duplice: rendere il figlio cosciente dell'esistenza di conseguenze per tutto quello che fa e, dal punto di vista terapeutico, di allontanare, psicologicamente parlando, il sentimento di colpevolezza.

La colpevolezza non ti aiuta, non ti spinge ad andare oltre, ad agire nel modo migliore, a darti da fare per risolvere le cose. Al contrario, ti ostacola e ti crea dei blocchi a livello mentale. È come un'etichetta su cui sta scritto *incapace* e che ti porti addosso per molto tempo. Può darsi che l'evento in sé si sia consumato tempo fa, ma tu continui a portarti dentro la colpevolezza per tutta la vita e, a volte, per delle cose senza grande importanza.

La colpevolezza può reprimere l'evoluzione del bambino.

La colpevolezza è come un verme che rosicchia l'anima senza aiutarla in nessun modo. Essa porta con sé ansie, paure, frustrazioni per alcune cose che comunque non potranno essere cambiate. L'importante non è sentirsi colpevoli, ma rendersi conto di avere sbagliato e cercare di riparare l'errore fatto, oppure pensare a come fare per non ripeterlo. L'importante è andare avanti, andare avanti sul cammino del nostro sviluppo e non indietro.

La colpevolezza può frenare l'evoluzione dell'uomo, perché lo tiene prigioniero nella trappola dei sentimenti inutili. Il sentimento di colpevolezza va di pari passo con un'immagine di sé negativa, e tutto ciò porta innumerevoli danni alla persona.

Come ho detto anche nel capitolo sul perdono, il bambino può sentirsi colpevole anche per cose che non lo riguardano direttamente. Se la mamma ed il papà litigano, egli può credere che lo facciano per colpa sua. Molti bambini si sentono colpevoli quando i genitori divorziano: sono portati a credere questo perché molti genitori litigano proprio a causa dei figli. Ma ciò succede solo perché ogni figlio è importante per i suoi genitori e perché i genitori hanno punti di vista diversi sulla sua educazione.

Coltivata inconsapevolmente da parte dei genitori, nel desiderio di trasmettere un codice di comportamento morale al figlio, la colpevolezza non è un sentimento che aiuti l'umanità. Tormentato dalle frustrazioni, l'uomo non può più offrirsi e offrire a chi vive con lui ciò che ha di meglio.

Mostra a tuo figlio che anche tu fai degli errori; ammettilo quando commetti un errore e mostragli con decisione ciò che vuoi fare perché l'errore non succeda più. Quando ammetti il tuo errore e lo accetti, lo puoi anche superare e così la tua vita può andare avanti, non rimanendo più intrappolata tra i paletti della colpevolezza. Non sopraffare tuo figlio con sentimenti di colpevolezza, però stai molto attento, allo stesso tempo, a non sorvolare su un errore, andando avanti come se niente fosse successo. Questo è un altro estremo da evitare.

L'invidia e l'odio

Ciò che è tuo è messo da parte

La gente non si rende conto di quanto male si autoinfligga vivendo questi sentimenti. L'invidia e l'odio sono distruttivi anche per la gente che ci circonda, ma fanno ancor più male alla persona che li prova. Ognuno di essi crea delle ansie e ti allontana da ciò che è buono in te. Invece di dormire tranquillo nel tuo letto, ti tormenti torturato da pensieri e sentimenti che non ti portano nessun vantaggio.

L'invidioso si polarizza su ciò che ha l'altro, invece di concentrarsi sulla sua persona e vedere cosa potrebbe realizzare con i doni che possiede. Una persona mossa dall'odio produrrà solo azioni distruttive, finendo per distruggere proprio le cose buone che avrebbe potuto fare.

È importare inculcare nel figlio fiducia in se stesso e nelle sue capacità. Questa fiducia non deve venire dal confronto con qualche altro bambino, ma solo dall'apprezzamento onesto delle qualità che possiede.

Paragonando tuo figlio ad un altro, non farai altro che indurlo a confrontarsi sempre con il prossimo e sentirsi bravo ed apprezzato solo se ha dei risultati migliori di un altro. Lui dev'essere consapevole del fatto che "ciò che è suo è messo da parte". C'è molta saggezza in questo proverbio, che ci dimostra che ogni essere è unico, che ogni uomo ha un cammino tutto suo da seguire e che non devi prendere qualcosa da un altro per averlo anche tu. La nostra vera fortuna è quella interiore e nessuno ce la può portare via.

Questo è anche lo spirito di un'educazione civica, senza la quale tuo figlio non può essere felice.

L'orgoglio

L'orgoglio è un "peccato" che ti allontana dall'essenza del tuo essere e che rovina molte relazioni interpersonali. È un sentimento che ti posiziona al di sopra degli altri, ti convince di essere superiore alla persona con cui entri in conflitto oppure ti fa sentire trattato ingiustamente. Di conseguenza, invece di provare a risolvere la situazione conflittuale, tu chiudi una relazione o una via che potrebbe portare dei benefici.

L'orgoglio presuppone inflessibilità, falsa superiorità, autosufficienza e ti può portare a perdere opportunità impensabili. Per orgoglio puoi rifiutare una mano tesa in tuo aiuto con sincerità, e puoi continuare ad affondare in un guaio. Per orgoglio puoi rifiutare di avere una discussione con qualcuno, collega, o partner di coppia, e così il problema si approfondirà, portando ad una rottura difinitiva. Per orgoglio non vuoi ammettere di aver sbagliato, per orgoglio puoi rifiutare di fare un gesto umanitario.

L'orgoglio ti può far perdere molto a livello di umanità, ma anche di opportunità nella vita. Anche in questo caso, come negli altri, il tuo modello comportamentale come genitore è essenziale. Il modo in cui agisci sarà una fonte d'ispirazione per il figlio.

Il giudizio critico

Per la maggior parte delle persone, criticare gli altri è diventata un'abitudine. Anche se non le riguarda per niente, o non ha nulla a che vedere con loro, alcune persone sentono il bisogno di esporre delle critiche sul comportamento degli altri. Purtroppo il più delle volte la critica riportata non è giusta, ma solo soggettiva e superficiale.

La gente giudica gli altri in base alle loro azioni, senza conoscere la ragione che le ha causate. Quando agiamo in un modo o nell'altro, la gente non può sapere le nostre motivazioni interiori. Si affretta a giudicare senza provare a conoscere l'intero contesto. Perché ogni azione fa parte di un contesto e non può essere frantumata o staccata da questo. Per esempio, X può parlare molto forte perché ha una nonna che non sente proprio bene e, vivendole vicino, si è abituato così. Quando non è più vicino a sua nonna, può continuare a parlare nella stessa maniera, senza rendersene conto, ma è molto probabile che, siccome disturba gli altri, venga considerato un maleducato.

Per fare un altro esempio: esprimere il tuo punto di vista è una cosa positiva, ma se lo fai violando il diritto di replica di qualcuno, oppure interrompendolo, non permettendogli di esporre le sue idee, lo stai danneggiando.

Da un punto di vista psicologico, quando critica l'altro, una persona tende a posizionarsi subito su un gradino superiore. Però una tale superiorità è falsa e si trova solo nella mente di chi critica. A volte, non si trova neanche nella sua mente, perché c'è un buon senso che lo avverte del fatto che non è proprio giusto quello che sta facendo, ma egli non ci fa caso, perché il desiderio di dominare attraverso la superiorità è più forte del desiderio di comprendere l'altro. Il problema del giudizio critico è che influenza sia le relazioni interumane che la persona che sta giudicando.

Un giudizio frettoloso oscura l'essere ed apre la porta a stati d'animo negativi. Un giudizio superficiale e frettoloso può essere la scintilla che accende l'ira. La critica eccessiva e soggettiva non fa altro che distruggere, è sin dall'inizio opposta al trovare soluzioni. Quando ci rendiamo conto dei difetti di una persona, non è bello comunicarglielo così, tanto per farlo, e per mostrare quanto intelligenti siamo noi. Se poi lo si deve fare per forza, bisogna farlo nella maniera più distaccata possibile, sottolineando per prima cosa gli aspetti positivi della persona ed offrendo delle alternative ai difetti notati.

Spesso è bene solo osservare silenziosamente, perché il più delle volte la persona non è pronta per un cambiamento ed allora la nostra critica non le serve a niente, ma la ferisce soltanto. Può darsi che tu ti domandi: "E come si collega tutto questo a mio figlio?". Ebbene, la sua felicità, l'equilibrio e la sua armonia interiore dipendono dal giudice che ha dentro e dalla sua capacità di capire gli altri. Più rispetterà il modo di sentire, di pensare e di agire dell'altro, più il suo stato di benessere sarà completo.

Coloro che giudicano severamente le persone che li circondano non saranno mai contenti di loro stessi, perché quel giudice interiore sarà spietato non solo con gli altri ma anche con loro stessi.

L'uomo è un essere unico. Siamo così simili eppure così diversi. Interiormente, viviamo sentimenti e pensieri simili, ma il loro scorrere, la loro connessione, intensità e manifestazione nelle azioni concrete sono così diverse! Fare le cose diversamente non vuol dire essere cattivi o sbagliare. Questo è piuttosto in relazione con la capacità della persona di esprimere se stessa. La società , invece, tende ad uniformizzarci a sfavore del nostro io.

Da genitore, il tuo dovere è quello di aiutare tuo figlio a rispettare, da una parte, le regole della società comprendendo il loro significato, ma dall'altra anche le modalità di espressione del suo essere unico.

Da genitore, il tuo dovere è di aiutarlo a capire le persone come esseri unici, diversi, e di smontare il meccanismo con il quale l'uomo giudica l'altro secondo il suo modo di essere. Perché, in questa situazione, la sua felicità sarà intaccata e le aspettative che le persone si comportino nello stesso modo saranno accompagnate da delusioni.

Sui "peccati" e le loro conseguenze

Tutti questi stati d'animo: la paura, la colpevolezza, l'invidia ecc rappresentano dei "peccati" perché allontanano l'essere umano dal vivere una vita armoniosa e riempita d'amore. L'uomo non può più gioire pienamente della sua vita e delle persone che lo circondano, essendo troppo occupato a criticarle o ad essere scontento di qualcosa.

Ognuno di questi stati d'animo rappresenta una barriera sul cammino della felicità di tuo figlio ed una sofferenza per quelli che lo circondano. Non gli è d'aiuto nella sua evoluzione spirituale. Attraverso l'educazione, soprattutto quella ricevuta a casa, questi stati d'animo possono essere levigati, modificati ed anche sconfitti. Essi fanno parte della natura umana solo perché abbiamo permesso che ne facciano parte, per varie ragioni.

Per questo, il tuo ruolo da genitore è quello di combattere questi potenziali "peccati" e di creare posto nella tua vita e in quella di tuo figlio agli ingredienti che possono avviare verso un'esistenza felice e luminosa.

7.
Essere genitori

Segui il tuo intuito

Per quante informazioni tu abbia su ciò che va bene per tuo figlio, per quanto tu legga su questo argomento, la strada migliore passa per la tua anima. Nessuna statistica e nessuno studio, per quanto complesso, ti diranno com'è tuo figlio. Solo tu, nel tuo cuore di genitore, lo sai.

Ascolta ciò che ti dice il tuo *intuito* di genitore e non permettere che sia oscurato da norme, dogmi e principi.

Il legame tra te e tuo figlio è un legame forte, che dura per tutta vita, indistruttibile. È nato insieme al tuo pensiero di avere un figlio e non finisce mai.

Segui il tuo intuito.

Lungo la tua evoluzione da genitore ti imbatterai in molte opinioni nuove su come sia meglio educare un figlio. Imparerai innumerevoli tecniche attraverso le quali otterrai da lui ciò che vuoi. Non dimenticare però che un metodo, per quanto sia buono e per quanti risultati abbia avuto nel tempo, può sì essere applicato, ma dev'essere adattato tanto alla personalità del bambino quanto al contesto. Giudica sempre le cose con il cuore.

Un'esperienza lunga una vita

L'essere genitori è un'esperienza unica. È un'esperienza che supera gli stretti confini del crescere ed educare un figlio. È un atto creativo, un atto di emozione intensa, un processo del divenire in cui tu ti evolvi insieme a tuo figlio.

Quello che sei tu si rifletterà su di lui e quello che è lui si rifletterà su di te. La tua personalità ed il tuo comportamento lo influenzeranno in una direzione o nell'altra. Le sue azioni riecheggeranno nella tua anima. Niente di ciò che egli fa resterà senza conseguenze per te, come genitore.

Ma non dimenticarti mai che siete due vite distinte. Non concentrarti su tuo figlio in modo da bloccare l'evoluzione della tua vita. Cresci insieme a lui, così come cresce un albero insieme ai suoi rami. Questa crescita si riferisce a tutto ciò che desideri fare nella vita, alle tue aspirazioni, ma soprattutto al tuo cammino interiore, perché è da qui che parte tutto. Dall'interno verso l'esterno. La tua evoluzione è prima di tutto un atto di emozione interna, una guerra combattuta e vinta contro te stesso.

L'evoluzione di una persona, prima di tutto, è un atto di emozione interiore.

E ancora una cosa. Non metterti su una posizione di superiorità rispetto a tuo figlio, perché hai molte cose da imparare da lui. Un bambino ha meno pregiudizi ed è più aperto a vedere le cose così come sono. Molte volte la sua percezione può essere più chiara della tua, perciò non ignorarla.

L'essere genitori implica anche il più grande miracolo della vita: la nascita e la formazione di un altro essere! Cosa può esserci di più meraviglioso? Se guardiamo nel mondo degli animali, non c'è niente che ci commuova di più di una coppia e dei suoi cuccioli. Ho visto con meraviglia come i passeri–genitori si agitavano sopra il cespuglio dov'era caduto il loro piccolo, mentre imparava a volare. Si sono dibattuti rumorosi sopra il luogo dove si trovava il piccolo, provando ad offrirgli una guida. Con il loro aiuto, il piccolo è riuscito a prendere volo e ad atterrare sul ramo di un albero.

Se guardiamo al rallentatore la scena della nascita di una pianta, è impossibile non sentire il miracolo della vita, per quanto lunga sia: un giorno, un anno, dieci oppure ottant'anni.

Come non emozionarsi nel vedere un cane che preferisce starsene vicino ai cuccioli invece di abbandonarli per andare a mangiare? E cosa dire del modo in cui li trascina di nuovo nella cuccia, per proteggerli, quando cominciano ad esplorare il mondo?

Però l'essere umano è l'unico che crea una relazione lunga tutta una vita con la sua prole. Una relazione in cui la vita umana si manifesta in tutta la sua pienezza.

Il sacrificio di un genitore

Esiste una tendenza del genitore, da un lato naturale, di sacrificarsi per il figlio. Non c'è niente di più sublime in quest'esistenza, di una persona che si sacrifica per un'altra. Però questo sacrificio ha valore solo se i sentimenti che lo generano sono puri ed orientati verso il bene dell'altro essere. Può darsi però che il sacrificio nasconda, molte volte, l'incapacità della persona di fare altre cose. Per esempio, supponiamo che una mamma decida di rinunciare definitivamente al lavoro per stare a casa e crescere il figlio o i figli. Non c'è assolutamente niente di male in questo, né nel rimanere a casa, né nell'andare a lavorare. Ma se dietro questa scelta, dietro il desiderio di occuparsi del figlio sta anche qualche altro motivo, come la paura di un fallimento sociale, l'incapacità di trovare il lavoro giusto, la comodità, allora tutto questo si manifesterà prima o poi in forma di frustrazioni, che si ripercuoteranno sul figlio. Si faranno sentire rimproveri, irritazioni, astio nel rapporto madre-figlio.

È possibile che tutto accada nel subconscio, ma proprio per questo abbiamo bisogno di divenire consapevoli di ciò che pensiamo, abbiamo bisogno di capire quello che succede nella nostra mente e nel nostro cuore. Tutto ciò che riusciamo a fare attraverso false motivazioni è ingannare noi stessi e quello che riusciamo a costruire da una parte ci crolla addosso dall'altra.

Il sacrificio di un genitore non è una moneta di scambio: io mi sacrifico per te e in cambio tu mi obbedirai fino alla fine dei giorni. Il vero sacrificio non ha come scopo nessun interesse personale. Il sacrificio, come anche l'aiuto verso l'altro, non deve creare delle dipendenze.

Ci sono genitori che ricattano i figli rinfacciandogli quello che hanno fatto per loro. "Io ho fatto questo e quest'altro, e tu non sei nemmeno capace di fare questa cosa per me". L'amore, il rispetto e l'obbedienza del figlio derivano sempre dall'amore, dal rispetto e dalla comprensione del genitore per il figlio.

Il conflitto generazionale

Si parla spesso nel nostro ambiente del conflitto generazionale. Molte volte genitori e figli lo prendono come un dato di fatto naturale. Ma non ci può essere nulla di naturale in un conflitto. Soprattutto tra un genitore e suo figlio. Il conflitto generazionale, quello tra genitori e figli, non scaturisce dal nulla e neanche nell'età adolescenziale.

Esso comincia da lontano nell'infanzia ed evolve lentamente, scoppiando nel momento in cui il figlio adolescente si prepara a diventare adulto. Ha origine nella sensazione del figlio di essere incompreso e limitato nel manifestare sé stesso. Col passar del tempo, la distanza psicologica tra figlio e genitore si rafforza. Per quanto diverso sia il contesto sociale di ogni generazione, (perché in fondo esso dà un certo orientamento alle convinzioni ed ai valori di quella generazione), le persone possono avvicinarsi attraverso la comprensione della natura umana. Se ci rendiamo conto che le persone sono diverse, se ne comprendiamo l'essenza, allora i conflitti potranno essere risolti più facilmente. Le persone possono comportarsi in maniera differente, possono desiderare cose diverse e possono differenziarsi dagli altri, senza che ci sia il bisogno che qualcuno si senta offeso.

Per un genitore è importante stare sempre vicino all'anima di suo figlio, avere una comunicazione permanente con lui, conoscere le sue emozioni e comprenderlo. Se fa questo sin da quando è piccolo, il conflitto generazionale non apparirà mai, o nei peggiori dei casi, sarà molto attenuato. Se noi non considerassimo questo conflitto una cosa normale, forse faremmo di più per non provocarlo. Il primo passo è comprenderlo. Una volta fatto il primo passo, il resto viene da sé.

Il conflitto generazionale, il conflitto tra genitori e figli non appare dal nulla e neanche nell'età adolescenziale.

Il legame generazionale

Quando tra le generazioni esiste un legame stretto, che si fonda su amore, rispetto e fiducia reciproca, sorge spontanea la gioia non solo in ogni membro della famiglia, ma anche in tutto l'ambiente nel quale vive. Ci sono famiglie dove convivono tre o quattro generazioni: genitori, figli diventati genitori e i loro figli. Quando il rapporto generazionale funziona bene è una grande gioia stare tutti insieme.

Un proverbio romeno dice: "Se non hai dei vecchi, comprateli". Purtroppo, la saggezza popolare di questo proverbio ha perso molto del suo peso al giorno d'oggi. Noi tutti vediamo intorno a noi le manifestazioni di disprezzo e di cinismo dei giovani nel confronto degli anziani. Com'è possibile questo e come mai si può manifestare su così larga scala?

Credo che i genitori, nell'educazione dei figli, abbiano trascurato dei valori morali (come il rispetto verso i nonni e gli anziani in genere) dando priorità ad altre cose che gli sono apparse in quel momento più importanti. Purtroppo sono stati i genitori stessi che hanno rovinato il rapporto col figlio, invece di costruire la fiducia ed il rispetto passo dopo passo, mattone su mattone.

L'hanno fatto quando gli hanno imposto delle

regole senza spiegargliele, quando gli hanno ordinato un certo tipo di comportamento danneggiando il suo modo di essere. Incompreso da chi gli dovrebbe stare più vicino spiritualmente, il figlio si protegge aumentando la distanza psicologica tra sé, il suo genitore e la generazione precedente.

Trascurare i valori morali porta i genitori a pagare un prezzo molto alto.

La distanza psicologica tra il genitore e il figlio aumenta anche come conseguenza del fatto che si è privato il figlio della cosa più importante per lui: il tempo e l'affetto del genitore. La maggior parte delle volte i genitori provano a compensare la loro assenza donando giocattoli e regali, che rappresentano solo un sostituto ben misero, perché niente può sostituire la presenza del genitore nella vita del figlio.

La distanza psicologica tra il figlio ed il suo genitore è uno stacco che si crea nel tempo.

I momenti di debolezza dei genitori, che sono stati trascurati da loro stessi, ad un certo momento si rifanno vivi sotto la forma di mancanza di rispetto da parte del figlio. Ed è difficile riuscire a capire esattamente che cosa l'abbia generata. Perché sono una o più di una le cose che possono produrre la stessa conseguenza.

Il rimprovero è un altro fattore che incide sulla fiducia, nel rapporto tra genitori e figli. Il rimprovero è una forma di accusa senza appello e ha solo conseguenze negative: il figlio si sente incompreso, dunque trattato ingiustamente, ed il suo tentativo di cambiare qualcosa in una data situazione sarà molto scarso. Se vuoi veramente aiutare tuo figlio, non farlo con i rimproveri, perché peggiorerai le situazioni che vuoi cambiare.

Una maniera positiva per affrontare un errore è quella di parlarne senza scaricare la colpa su qualcuno. Per esempio si potrà dire "C'è disordine nella stanza.", invece di "Che disordine hai fatto!", oppure "Il test ha dieci errori." invece di dire "Hai fatto dieci errori". Affrontando in modo impersonale le cose, non si stabilisce la colpevolezza di qualcuno prima di venire a conoscenza delle opinioni della persona in causa. Senza dubbio, poi, il passo seguente è sentire quale sia l'opinione del figlio e la sua implicazione nello stabilire cosa si possa fare per migliorare le cose.

Un altro motivo del deterioramento del rapporto genitore-figlio è l'iperprotezione del figlio. A volte, i genitori hanno la tendenza a proteggerlo esageratamente, e questo porta alla sua dipendenza dai genitori, alla sfiducia nelle proprie forze e in genere all'indebolimento della sua personalità. Il figlio sente la sfiducia dei genitori, anche se non lo esprime e anche se non ne diventa consapevole pienamente. Questa sfiducia lascerà delle tracce tanto nella sua personalità quanto nelle sue relazioni.

Un altro grosso errore che un genitore può fare e che incide sul sentimento di rispetto del figlio è quello di prendere su di sé qualsiasi sforzo, nel desiderio che al figlio tutto risulti bello e comodo. Benché l'intento – aiutare il figlio – sia buono, il risultato è disastroso. Il figlio viene privato delle esperienze personali che lo aiuterebbero ad evolversi e, allo stesso tempo, della soddisfazione del proprio lavoro. Fare il lavoro al posto del figlio può essere più facile che insegnargli come fare una cosa da solo. Ma questo lo condurrà ad avere costantemente bisogno nella vita di appoggi, invece che a vivere la soddisfazione di poter contare su se stesso.

La fiducia in te di tuo figlio, sia che tu abbia 20, 40 o 70 anni, è l'effetto di un rapporto di reciprocità. La fiducia che gli hai dato per renderlo capace di prendere la vita nelle sue mani, ti tornerà prima o poi indietro.

Forse ti starai domandando quale sia il legame tra tutto questo ed il rispetto dei giovani per gli anziani. Ebbene, tutto parte dal rapporto del figlio con i genitori. Non vedrai mai un bambino oppure un giovane che rispetta i genitori o i nonni che bestemmi o parli in modo volgare ad un anziano.

L'eredità che tramandi

Per diventare un buon genitore, la cosa più importante è aver ricevuto tu stesso a tua volta una buona educazione in casa. Niente ha un impatto più grande su tuo figlio dell'eredità ricevuta dai genitori. Direttamente o indirettamente, tutte le azioni sono influenzate dai propri genitori. Quando l'eredità è sana, intere generazioni di genitori rivivono dentro tuo figlio, illuminandogli il cammino.

Se invece ti trovi nella situazione in cui desideri piuttosto seppellire l'eredità ricevuta, il semplice fatto che tu stia leggendo questo libro o qualsiasi altro sull'educazione dei figli, mostra che sei sulla buona strada, che desideri fare un cambiamento nell'eredità ricevuta e che sei pronto ad agire. Tu sei quello che cambierà le cose per le prossime generazioni di figli nella tua famiglia.

Sei tu quello che può cambiare l'eredità ricevuta per le generazioni a venire.

Ogni generazione tramanda un'eredità di convinzioni e valori, arricchendola con la propria esperienza. In questo scorrere, ognuno di noi ha un dovere di cui non deve mai scordarsi, quello verso sé stesso. Nessuna vita dev'essere sprecata. Più si è contenti della relazione con il proprio io, maggiore è la capacità di donare e di aiutare il prossimo.

L'uomo è l'unica specie che, attraverso la consapevolezza di sé, sente la responsabilità della sua vita. Da genitore tu hai un dovere non solo verso i figli ma anche verso te stesso. Prenderti cura di te stesso e prenderti cura dei figli sono sempre prove di apprezzamento della vita che ognuno di noi dà.

Il dono che offri a tuo figlio dev'essere una bella eredità, a cui non manchino "le armi" necessarie per conquistare la vita. L'amore, la fiducia in sé, la compassione e la libertà di esprimersi sono solo alcune di esse.

Aiutalo a scoprirsi, a formarsi, nello spirito di

una vita felice, per trovare la pace nel suo cuore; perché la nostra vita interiore ci dà la forza per realizzare tutto ciò che vogliamo.

Otopeni, luglio 2012

Ringraziamenti

Voglio ringraziare tutti coloro che hanno avuto un ruolo significativo nel mio cammino spirituale e che ne hanno lasciato una traccia nel mio cuore.

Sono grata ai miei genitori per l'amore incondizionato che mi hanno offerto e per il loro lavoro di una vita.

Tutta la mia gratitudine va a mio marito per il cammino percorso al mio fianco e per le cose meravigliose compiute insieme, una di loro essendo proprio questo libro, alla cui pubblicazione il suo contributo è stato significativo.

Grazie a Simona, senza la tua presenza nella mia vita questo libro non sarebbe stato scritto.

Grazie a Ionela e Codruţ per i meravigliosi genitori che siete, una vera fonte di ispirazione per me.

Grazie a Rodica Indig perché esisti nella mia vita e per i punti di riferimento che mi hai offerto nel tempo.

Grazie alle mie amiche Octavia ed Elisabetta per l'incoraggiamento a scrivere il libro e per il loro amore.

E non per ultimo, grazie alla mia amica e redattrice Gabriela Panaite *per l'aiuto dato nella pubblicazione del libro.*

Per l'edizione in italiano del libro, i miei ringraziamenti speciali vanno alla traduttrice Patricia David ed alla redattrice Octavia Zaim.

Un ringraziamento speciale va al Prof ed alla gentilissima signora Mariangela per il supporto dato a distanza.

www.ingramcontent.com/pod-product-compliance
Lightning Source LLC
Chambersburg PA
CBHW031355040426
42444CB00005B/302